7 MEJORES CUENTOS
ARGENTINA

Tacet Books

7 MEJORES CUENTOS ARGENTINA

Editado por
August Nemo

Editor August Nemo
Diseño de cubierta y interior Mayra Falcini
Marketing Horacio Corral

Catalogación en la Publicación (CIP)

Nemo, August (organizador)
N436 7 mejores cuentos - Argentina / August Nemo (org.) –
São Paulo, SP: Tacet Books, 2021.
86 p. - 14 x 21 cm

ISBN 978-65-89575-03-0

1. Literatura argentina.

CDD 868.9932

Tacet Books
Hecho en silencio
Para mentes ruidosas

www.tacetbooks.com
tacet.books@gmail.com

Índice

Introducción

La literatura argentina, es decir el conjunto de obras literarias producidas por escritores de la Argentina, es una de las más prolíficas, relevantes e influyentes del idioma castellano y ocupa un lugar destacado dentro de la literatura en español.

Un elemento tracendente en la historia de la literatura argentina fue el contrapunto entre el Grupo Florida y el Grupo Boedo, sucedido en las primeras décadas del siglo XX. El Grupo Florida conocido así por reunirse en la Confitería Richmond de la calle Florida en Buenos Aires y publicar en la revista Martín Fierro, con autores cómo el citado Jorge Luis Borges, Leopoldo Marechal, Ricardo Guiraldes, Victoria Ocampo, Oliverio Girondo, entre otros y artistas como Antonio Berni, vs. el Grupo Boedo que reunía a escritores cómo Roberto Arlt, Leónidas Barletta, Álvaro Yunque y artistas como Homero Manzi y recibía visitas de Juan de Dios Filiberto compositor del tango Caminito, de raigambre más humilde y se reunían en la geografía del barrio de Boedo en el Café El Japonés de Avenida Boedo y publicaban en la Editorial Claridad, constituyeron un fenómeno literario de raíces sociales que enriqueció la literatura argentina con la producción literaria de dichos autores.

Otros escritores de renombre son José Hernández (autor de Martín Fierro, traducido a más de 70 idiomas), Adolfo Bioy Casares, Ernesto Sabato y Juan Gelman (ganadores del Premio Miguel de Cervantes), Julio Cortázar, Eduarda Mansilla, Alfonsina Storni, Roberto Arlt, Silvina Ocampo, Sara Gallardo, Manuel Puig, Hebe Uhart, Antonio Di Benedetto, Alejandra Pizarnik, Rodolfo Walsh, Ezequiel Martínez Estrada, Leopoldo Lugones y Olga Orozco, entre muchos otros.

Los Autores

Roberto Emilio Gofredo Arlt (Buenos Aires, 26 de abril de 1900 - Buenos Aires, 26 de julio de 1942) fue un novelista, cuentista, dramaturgo, periodista e inventor argentino.

Roberto Jorge Payró (Mercedes, Provincia de Buenos Aires, 19 de abril de 1867 - Lomas de Zamora, 5 de abril de 1928) fue un escritor y periodista argentino. Ha sido considerado como "el primer corresponsal de guerra" de su país.

Leopoldo Antonio Lugones (Villa de María del Río Seco, Córdoba, 13 de junio de 1874-San Fernando, Buenos Aires, 18 de febrero de 1938) fue un poeta, ensayista, cuentista, novelista, dramaturgo, periodista, historiador, pedagogo, docente, traductor, biógrafo, filólogo, teósofo, diplomático y político argentino. Junto con Rubén Darío fue el principal exponente del modernismo hispanoamericano.

Fray Mocho (Gualeguaychú, 26 de agosto de 1858 - Buenos Aires, 23 de agosto de 1903) es el seudónimo de José Sixto Álvarez Escalada, escritor y periodista argentino famoso por sus retratos costumbristas y de época, frecuentemente escritos en clave humorística.

Ricardo Güiraldes (Buenos Aires; 13 de febrero de 1886 - París; 8 de octubre de 1927) fue un novelista y poeta argentino.

Accidentado paseo a Moka

Roberto Arlt

Cuando el "Caballo Verde" salió del puerto de Santa Isabel, el noble anciano, apoyado de codos en la pasarela del paquete, cargado de negros hediondos y pirámides de bananas, me dijo al mismo tiempo que miraba entristecido cómo la isla de Fernando Poo empequeñecía a la distancia:

-¡Cómo ha cambiado todo esto! ¡Cuánto! Y de qué modo!

Clavé los ojos en el rostro del noble anciano, que en su juventud había sido un conspicuo bandido, y moví también la cabeza, como si participara de sus sentimientos. El viejo continuó:

-Fue allá por el año 80. Entonces no existía el puerto que usted ha visto ni la catedral con sus dos torres de cemento, ni el hospital, ni la Escuela de Artes e Industrias, ni alumbrado eléctrico en la calle de Sacramento, ni negros en bicicleta. No. Nada de eso existía.

Fijé la mirada en el lomo de una ballena que se sumergía y luego lanzaba un surtidor de agua al espacio, pero el viejo bandido no vio a la ballena. Su mirada estaba detenida en el pasado. Emocionado, prosiguió:

-Cuando llegué a Fernando Poo, la aduana era una valla de bambú y la Casa de Gobierno una choza al pie de la colina. Algunos indígenas descalzos, embutidos en fracs donde habían zurcido charreteras de oro y sombreros de copa, desempeñaban funciones burocráticas con un puñal en el cinto y un paraguas en la mano En el mismo paraje donde se levanta hoy la catedral de Santa Isabel conocí al rey de los bupíes, un granuja pintado de ocre amarillo que se pavoneaba, semidesnudo, por el islote, cubierto con un sombrero de mujer y diez collares de vértebras de serpiente colgando del cuello. Cuando comía en presencia de forasteros, una de sus mujeres, de rodillas frente a él, soportaba en sus manos el plato de madera, en el cual él y yo hundíamos los dedos para recoger puñados de arroz, que antes de comer apelmazábamos en una bola, porque ésa era la costumbre.

El noble anciano movió la cabeza.

-¡Cuánto, cuánto ha cambiado todo esto! África ya no es África. África ha muerto, mi querido joven.

No respondí palabra, aunque me halagó el epíteto de joven. La costa de la isla se alejaba; las cimas cobrizas del cráter de San Agustín y el pico de Rosa Gándara superponían sus moles triangulares en el horizonte; la bola de fuego del sol naufragaba en un mar ígneo de vellones escarlatas.

Súbitamente la inmensidad atlántica pareció inflamarse en rojo de piedra, el rojo subió por los flancos del "Caballo Verde", bajó a los puentes; los negros parecían diablos hacinados en una caldera, las pirámides de plátanos irradiaban una atmósfera bermeja y la isla de Fernando Poo, ennegrecida en un juego de contraluces, en este fondo de fuego, quedó reteñida de violeta. Mágicamente sus valles aparecieron cargados de brumas violetas, sus montes tallados en bloques de terciopelo violeta, y de pronto, por el rostro del noble anciano, rodaron dos lágrimas, a las que el reflejo del Atlántico rojo dio apariencias de lágrimas de sangre. Luego, bruscamente, se hizo la noche. El tantán de los negros resonó a bordo del "Caballo Verde"; una luna perlática fosforeció en la inmensidad entre enormes estrellas rebosantes de temblorosas luces, y el noble anciano que en su juventud había sido un conspicuo bandido dijo, mientras vertía sobre el hielo de su copa el oro de un whisky viejo:

-Esta tarde me acordé de mi primer viaje al valle de Moka. Yo tenía dieciocho años. Todo ocurrió en la primavera del año 80. Mi choza de ramas y techo de hojas de palma se levantaba en la isla de Leben. Allí me dedicaba a vivir desnudo en las caletas. Una mañana, como de costumbre, mi criado Alí me despertó con sus palabras rituales:

"-Que tu día sea bendecido...

"Alí era un chiquillo de quince años, que yo encontré vagabundeando, muerto de hambre en las orillas del Río de Oro. Cuando tropecé con él andaba descalzo, su turbante era un trapo indecente y su chilaba hubiese avergonzado a un mendigo del Zoco. A cambio de esta pobreza de bienes terrenales, Alí era valiente como un tigre y docto como un ulema, pues hablaba holandés y un montón de dialectos africanos. Contra la seca carne de su pecho guardaba un puñal.

"Adecenté a Alí dentro de la posibilidad de mis recursos, y me lo llevé a la isla de Leben, en la de Fernando Poo.

"Ahora estaba frente a mí, más perezoso y adormilado que nunca, rezongando con la boca abierta por un bostezo:

"-Que tu día sea bendecido. Allí están los hombres que te conducirán a Moka.

"Hacía varios días le había manifestado a Alí que quería visitar el valle de Moka. El valle de Moka, antes que lo estropearan los blancos, era un paraíso de helechos, en cuyo centro una fuente de agua hirviente dejaba escapar vapores venenosos que mataban a los pájaros que cometían la imprudencia de entrar en la atmósfera de sus emanaciones de óxido de carbono. Los negros bupíes decían que el diablo vivía en el valle de Moka.

"En cierto modo, mi aventura era descabellada, porque el calor arreciaba cada día más. Lluvias constantes sucedían a soles de fuego, pero yo estaba dispuesto a toda costa a entrenarme en la vida salvaje de los bosques tropicales, pues tenía el proyecto de asaltar el próximo invierno un importante banco de Calcuta y de huir a través de la selva; mas, precisamente, para huir a través de la selva había que conocer la selva, estar familiarizado con sus peligros, con sus hombres, con su misterio.

"Tal es la razón por la que yo me veía en marcha ahora, a través de un bosque tupido, en compañía de un pillete mahometano y cuatro salvajes auténticos. Estos tenían el rostro rayado de cicatrices horizontales. Marchaban en fila india, completamente desnudos, mostrando vientres enormes en cuerpos flaquísimos, con collares de vértebras de serpiente en torno del cuello, para librarse del mal de ojo de los genios malignos de la selva. Sobre sus cabezas motudas cargaban las bolsas de arroz, cacao y café que necesitábamos para sobrevivir en medio de la selva. También llevábamos algunas botellas de pólvora para los jefes salvajes que encontráramos en el camino. Yo iba armado con una magnífica carabina, revólver y puñal. Mi proyecto era meter a los indígenas en el valle de Moka y obligarlos a cruzar el valle en dirección contraria a la que habían venido, aprendizaje que tenía que ser rico en experiencias para mí y Alí, a quien pensaba convertir en un eficiente ayudante de bandido.

"Durante los primeros días de viaje, quiero decir, las primeras horas, el paisaje me extasió violentamente. Mis hombres, unos con yataganes prehistóricos, otros con hachas de extraña procedencia, se abrían paso entre la cortina vegetal que filtraba en verde la luz solar. Había momentos que parecíamos buzos en el fondo del mar, tan perfecta era la atmósfera verde en la cual nos movíamos constantemente. Nuestra pequeña caravana era acompañada por los arrullos de las palomas silvestres, las voces atroces de los papagayos, los ronquidos de los filicoti, los chillidos de los monos, que se desgañitaban, huyendo rápidamente por las ramas más altas.

"Alí, contra su costumbre de irme pisando los talones y de adularme conscientemente en cuanto sospechaba que pudiera agradarme, caminaba ahora junto a los bupíes, que tal es el nombre de los salvajes de Poo, melancólicamente agobiado.

"Atribuí su silencio a que estaba fatigado, como yo también comenzaba a estarlo de caminar continuamente sobre una crujiente alfombra de hojas secas o podridas, cuyos vahos penetraban por las narices hasta martillear su neuralgia en las sienes. A veces levantaba la cabeza; allá arriba, muy alto, se veía la cúpula de los árboles cuyo nombre ignoraba, pero cuyo tronco áspero o lustroso, de hojas gruesas o transparentes soportaba desde sus ramas en arco innumerables bejucos, manchados de estrellas escarlatas o de cálices blancos.

"De pronto Alí me hizo una señal. Me acerqué a él y dijo:

"-Estos perros enemigos del Profeta saben que estoy enfermo.

"Lo miré, sorprendido, a él y a los cargueros.

"Efectivamente, los bupíes debían sospechar la naturaleza de la enfermedad de Alí, porque hablaban vivamente entre ellos. Llevé mi mano a la frente de Alí. Quemaba de fiebre. Le tomé el pulso. Su corazón parecía querer saltar del pecho.

"-Hagamos alto -dije-. Di a los hombres que busquen hojas de palma, que nos quedaremos aquí hasta mañana.

"Alí habló con los indígenas; éstos dejaron sus cargas en el suelo y se apartaron para recoger hojas de palma con que techar la choza que tenían que fabricar.

"Alí se dejó caer en el suelo y entrecerró los ojos. Así permaneció durante una hora. Lejos se escuchaban los voces de los cargueros bupíes. Alí, con la cabeza apoyada en el tronco, dormitaba. De pronto se puso de pie, arrojó un grito, echó a correr, golpeó de cara en un árbol y cayó. Por momentos un estremecimiento sacudía su cuerpo. Me incliné sobre él para examinarlo, y entonces, allí en su brazo amarillento, vi una ligera mancha escarlata que extendía sus arabescos.

"Me retiré estremecido.

"No quedaba duda. Alí estaba bajo la acción del primer ataque de la enfermedad del sueño.

"Como si mi descubrimiento hubiera aterrorizado a la naturaleza que me rodeaba, un silencio imponente pesaba en el bosque. Las voces de los bupíes no se escuchaban ya.

"Aturdido por la sorpresa, me senté en el tronco de un árbol derribado por el rayo. ¿No estaría yo también infectado? No podía ignorar las consecuencias de esta terrible enfermedad tan contagiosa como incurable. En el Congo, más de una vez me había encontrado con negros encadenados por el pescuezo a recios árboles para que no pudieran deambular a través de los poblados propagando su peste. Allá, en el fondo de la maleza, una tarde, no lejos del Río de Oro, descubrí un alucinante grupo de negras y negros en distintas etapas de la enfermedad. Algunos durmiendo, con la piel pegada a los huesos, otros con los párpados tan inflamados que apenas podían mantenerlos abiertos. Algunos, semiincorporados como espectros de ceniza, pedían limosna desde su lecho de hojas secas. Otros, completamente inmóviles, pegados al suelo, con las piernas encogidas, parecían momificados en su extremísima demacración. Nubes de mosquitos se cernían sobre sus cuerpos de muertos vivos.

"¿Qué hacer?

"Si yo abandonaba a Alí en el bosque, lo devorarían las fieras, las hormigas gigantes, los buitres. Si lo llevaba conmigo, me infectaba, si ya no lo estaba. ¿Qué hacer? Alí estaba perdido, y yo también, quizá, estaba perdido. De los bupíes no se escuchaba una sola voz. Nos habían abandonado, aterrorizados por la enfermedad cuya peligrosidad conocían.

"Tomé mi revólver, me acerqué a Alí y le encañoné cuidadosamente la cabeza. Sonó un estampido. Alí no sufriría más.

"Ahora lo que yo tenía que hacer era volver a Leben. Hacía siete horas que habíamos salido del islote; la noche estaría próxima. Pasaría la noche en la selva, y al día siguiente regresaría por el camino que habían abierto las hachas y yataganes de los bupíes.

"Dando un rodeo en torno del cadáver de Alí, me acerqué al lugar donde los indigenas habían abandonado las bolsas de provisiones; preparé un poco de cacao, y deshecho por la fatiga, pensando torpemente que yo podía estar también enfermo de la enfermedad del sueño, apoyé la cabeza en una bolsa, y bajo la oscuridad del ramaje me quedé dormido.

"Un grito espantoso me despertó en la noche.

"Me puse de pie en la oscuridad. Estaba rodeado de ramas de árboles sobre las que se movían lentejuelas fosforescentes. Eran las pupilas de los pájaros que reflejaban en su fondo la luz de la luna, invisibles desde el lugar donde yo vigilaba.

"Me estremecí en mi mojadura de rocío. Ni un grito ni una voz en el bosque, donde tan espantoso aullido había estallado. Por momentos se oía el crujido que provocaba una ardilla al deslizarse sobre las hojas secas, o el roce de un reptil al deslizarse.

"Me tomé el pulso. El corazón marchaba perfectamente.

"El bosque permanecía en un silencio total, un silencio como el que provoca la presencia de un ser vivo entre las bestias. Sin embargo, nada denunciaba al hombre ni al salvaje, como no ser este silencio festoneado en reflejos amarillos.

"Sin embargo, un grito terrible, allí cerca, había venido a despertarme. ¿Quién era el que había gritado?

"La noche debía estar avanzada, porque arriba, entre las ramas de los árboles, las grandes estrellas próximas parecían flotar en un estanque de agua. Cautelosamente me senté en el suelo y me puse a esperar la llegada del día. Pensé que me sobraba razón cuando pensaba que para fugarse a través de la selva había que estar entrenado. No nos habíamos apartado nada más que unas horas de la orilla del agua, y ya se presentaban dificultades insuperables.

"Otra vez me quedé dormido. Cuando desperté, el sol estaba alto. De pronto me llamó la atención un grupo de monos chillando en la copa de un árbol, señalándose los unos a los otros, como seres humanos, algo que yo no podía ver desde el lugar en que me encontraba. Recordé el grito de la noche y trepé a un árbol para escudriñar.

"Desde la rama más alta, donde ya me había encaramado, sólo se distinguía una especie de plazoleta o claro en el bosque. Nada más. Sin embargo, los monos chillaban y se mostraban algo que yo no podía ver. Bajé del árbol y comencé a cortar entre los bejucos de la cortina vegetal un camino hacia el claro misterioso. Trabajaba alegremente, a pesar de la terrible temperatura que hacía, porque pensaba que esa disposición para el trabajo indicaba que todavía yo no estaba infectado por la enfermedad del sueño.

"Finalmente llegué a la plazoleta.

“Allí, en un claro, a ras del suelo, se veía la cabeza de una negra dormida o muerta, puesto que estaba con los ojos cerrados. Parecía aquella una cabeza cortada dejada expresamente en el suelo. A unos metros de la cabeza, separada del brazo, se veía la mano derecha de la negra. Había sido cortada de un hachazo.

“El cuerpo de la negra estaba enterrado en el suelo hasta el mentón.

“Comprendí.

“El castigo que los bupíes infligían a las mujeres que cometían el delito de adulterio o que abandonaban el bosque para vivir con un extranjero. Me incliné sobre la negra. Ofrecía un espectáculo extraño esa cabeza con los ojos cerrados a ras del suelo. Levanté un párpado de la cabeza. La negra estaba viva.

“Miré en derredor. La tribu que la castigó allí, a poca distancia, había dejado olvidada una paleta de madera. Corrí a la pala y comencé a quitar la tierra del hoyo en el que la negra viva estaba enterrada. El sudor corría a grandes chorros por mi cuello. Yo descargaba y descargaba paletadas de tierra, y la negra no abría sus ojos. Le toqué la frente. Se consumía de fiebre. Finalmente, evitando herirle el cuerpo, abrí el hoyo y conseguí retirar a la negra aun viva de su sepultura. Los negros que la mutilaron le habían envuelto el muñón en hierbas, a fin de evitar la hemorragia y prolongar así su agonía. Cargué a la negra sobre mi espalda. Era una muchacha joven y bonita. La llevé hasta mi campamento, a la orilla de la fuente, y le eché un poco de agua entre los labios.

“Yo no era un sentimental; estaba acostumbrado a considerar al negro al mismo nivel que a la bestia, pero esta negra de cara romboidal, joven y ya martirizada, despertó mi piedad. Tres días después que la retiré de su sepultura abrió los ojos. Me miró, sonrió, y luego volvió a cerrarlos. Finalmente reaccionó, y por uno de aquellos milagros casi incomprensibles, su brazo mutilado se cicatrizó.

"Yo trabajaba alegremente para salvar la vida de Bokapi. Trabajaba alegremente como un esclavo porque esa constante disposición para trabajar me indicaba que yo no estaba infectado por la enfermedad del sueño. Creo que fue la primera vez en mi vida que trabajé. Había que buscar agua, preparar el arroz, ahuyentar de la cabaña toda clase de bicharracos: langostas, gorgojos, hormigas, grillos, caballos del diablo. Un día recuerdo que maté una araña negra y peluda, grande como un cangrejo. Oscilando sobre sus patas de camello se aproximaba a Bokapi, que dormía.

"Finalmente Bokapi me contó el origen de sus desventuras. Su pecado consistía en haberse ido a vivir con un mestizo.

"La cosa ocurrió así:

"Entonces cada tres meses, llegaba un buque al puerto de Santa Isabel. La llegada del buque se festejaba con una fiesta fantástica. En la costa de la selva, entre las cañas de azúcar y los plátanos, se formaban danzones de negros. Corrían latas de aguardiente tenebroso, fuego vivo que trocaba el danzón en una orgía de la cual también participaban los blancos. En una de estas fiestas conoció ella al mestizo Juan, lo amó y se fue a vivir con él en las proximidades de la empalizada de bambú.

"El mestizo la amaba cuanto puede amar un mestizo y no le pegaba nunca, ni por la noche ni por el día. Pero a pesar de estas virtudes, el mestizo se enfermó. Inútilmente lo atendió el marinero que era el jefe de la aduana, y después el hechicero del poblado más próximo. El mestizo murió como Dios manda, y Bokapi se quedó sola.

“La tribu en el bosque no se había olvidado de su deserción. Una tarde que Bokapi corrió hasta el bosque a buscar una gallina, recibió un golpe en la cabeza. Cuando despertó estaba tendida en el suelo. La habían despojado de sus ropas; algunos bupíes armados de bambú aguardaban el momento de su suplicio. Primero un hechicero viejo, envuelto en innumerables vueltas de vértebras de serpiente y con la cabeza adornada de cuernos de antílope, le había lanzado torrente de imprecaciones; después, un grupo de viejas la flageló con látigos de bejucos hasta que Bokapi se desmayó. Cuando recobró el conocimiento estaba oprimida por un corsé frío que la paralizaba toda entera. Se reconoció enterrada viva, con la cabeza a ras del suelo y un brazo fuera, sobre la tierra. Silenciosamente danzaban en torno de ella sombras lujuriosas; de pronto las sombras se detuvieron; el hechicero levantó el hacha y la dejó caer.

“El tremendo grito que me había despertado fue lanzado por Bokapi al sentir la mano cortada.

“Conocí entonces la naturaleza negra.

“Si Bokapi había amado al mestizo, a mí me adoraba. Cuando pudo caminar y valerse, cuanta atención le sugería su imaginación para demostrarme su amor y gratitud la ponía en práctica. Si yo entraba en la choza, ella se ponía de rodillas y besaba el suelo que pisaba. Luego corría a ofrecerme licor de plátano, que sabía preparar, o solomillos de rata gigante, que se ingeniaba para atrapar. Cuando yo dormía, ella, de pie a mi lado, movía constantemente unas hojas de palma para renovar el aire en torno de mi rostro. Yo pensaba ahora que no me dedicaría a ser bandido ni intentaría robar el banco de mi proyecto. Viviría para siempre con Bokapi en la isla de Leben, y Bokapi trabajaría para mí, y yo no haría nada más que bañarme en las caletas y dormir en los arenales.

"Finalmente abandonamos la selva.

"El camino que algunas semanas antes habían abierto sus salvajes hermanos estaba borrado. Sin embargo, Bokapi se orientaba en la selva con naturalidad asombrosa. Tres días demoramos en llegar a los acantilados, y cuando estábamos por salir de la floresta entre cuyos claros se distinguían los cocoteros de los arenales, ocurrió lo imprevisto.

"Bokapi y yo caminábamos tranquilamente, cuando, de pronto, ella me apretó el brazo, deteniéndome.

"A cinco metros de nosotros, desenvolviendo sus pesados aros amarillos, irritada, nos miraba una boa. Su cabeza triangular se dirigía a nosotros con la lengua bífida ondulando de furor fuera de la escamosa boca.

"Me paralizó un frío mortal. No podíamos escapar. Íbamos a perecer los dos. Bokapi lo comprendió, se despidió de mí con una mirada y rápidamente se lanzó a la boa.

"¡Quién pudiera contar la inútil lucha de la negra con la boa! Yo vi cómo Bokapi, con su único brazo libre, intentó tomar la garganta de la boa; vi cómo los anillos de la terrible serpiente prensaban sus piernas y su pecho; vi cómo Bokapi clavó los dientes en el lomo de la boa con tan furiosa mordedura, que súbitamente la boa duplicó su presión. Y Bokapi ya no se movió.

"Entonces, a la vista de la playa, entré al bosque y me puse a llorar como una criatura. La selva era terrible."

Don Manuel en Pago Chico

Roberto Payró

Una de las frecuentes revoluciones provinciales quedó por milagro dueña de algunos partidos. Entre ellos se contaba Pago Chico, pues la junta central revolucionaria envió como delegado un capitán de línea cuyo marcial ascendiente subyugó a los infelices paisanos que dragoneaban de vigilantes, con medio sueldo para acrecer los gajes del comisario oficialista, quien escapó al primer asomo de revuelta, temiendo la infidelidad y la venganza de los subalternos. Tomose la policía con cuatro gatos, sin disparar un tiro, y como «muerto el perro se acabó la rabia», la comuna quedó en manos de los opositores.

-¡Viva la revolución! -gritaba el pueblo poco después, saliendo de sus casas al saberse triunfante.

El capitán Pérez reunió enseguida a los opositores principales (que habían creído deber patriótico no derramar sangre de hermanos y convecinos) y deliberó con ellos acerca del buen gobierno inmediato de Pago Chico. De la deliberación resultaron, como es lógico, miembros de la Municipalidad, todos los presentes, y el capitán quedó al frente de la comisaría y demás fuerzas armadas.

Pero considerose decorativo y de acuerdo con los altos ideales que se perseguían a tanta costa, nombrar un intendente imparcial, fundamentalmente honrado y universalmente querido. Sólo don Juan Manuel García reunía estas condiciones, y don Juan Manuel García fue puesto a la cabeza de la comuna.

Era un hombre ya maduro, rico para aquel rincón y aquella época, muy bondadoso, muy conciliador enemigo de chismes y politiquerías, y a quien todos rodeaban de la consideración debida a un ente superior por la experiencia, la práctica y el buen sentido natural que ponía gustoso al servicio de cualquiera. Todos esperaban grandes cosas de él... ¡pero no tan grandes!

Pasado el primer momento de entusiasmo y de embriaguez, los demás municipales cayeron en la cuenta de que, «podían comprometerse demasiado», pues como al fin y al postre «los gobiernos son gobiernos», el de la provincia acabaría por rehacerse a la corta o a la larga, en cuyo triste y probabilísimo trance iban a quedar peor que nunca. Estos temores se acentuaban con la falta de noticias fidedignas, pues el telégrafo seguía interrumpido, y sólo llegaban al Pago rumores contradictorios. Silvestre, el boticario, al ver las caras recelosas y la nerviosidad de los municipales, murmuraba epigramáticamente:

-El miedo no es sonso, ni junta rabia.

Para atenuar, en efecto, las futuras responsabilidades y sacar el cuerpo en lo posible a las amenazadoras represalias, los funcionarios comenzaron por ralear y acabaron por no presentarse en la Municipalidad, dejando en manos de don Juan Manuel la suma de los poderes públicos.

Éste, viendo la diserción, pensaba:

-¡No hay mal que por bien no venga! ¡Así, solito y mi alma, podré hacer mucho más!...

El capitán Pérez, buen muchacho, aunque no de largos alcances, le presto incondicionalmente su apoyo material y moral: ya había arriesgado, «metiéndose en la revolución», lo bastante para que no le dolieran prendas.

-Gota más, gota menos, el amargo no aumenta y el veneno es el mesmo -decía aplicando a su situación el proverbio popular.

Y con este poderoso auxiliar, don Juan Manuel, comenzó a poner orden en la administración; reprimió abusos, cortó coimas, castigó defraudaciones, limpió las oficinas y dependencias de empleados inútiles, criaturas del favoritismo, puso a raya a la empresa del alumbrado, persiguió sin cuartel a los cuatreros, convirtió, en fin, a Pago Chico en una Arcadia... salvo los odios que nacían violentos en todas partes.

El diario oficialista no aparecía. La Pampa, de Viera, aplaudía a todo trapo al intendente, y don Juan Manuel, rodeado como cualquier dictador, de una corte de aduladores, interesados o entusiastas, por muy sensato, prudente y modesto que fuera, no advertía las resistencias, el descontento, la oposición crecientes. Había tomado gusto al poder, usábalo sin fiscalización ni restricciones y se lo pasaba discurriendo proyectos y planes de bienandanza y prosperidad general.

A ser más justa y equitativa la humanidad pagochiquense le hubiera erigido un monumento -estatua o arco triunfal-. ¡Pues no señor! Sólo la posteridad sabe honrar a los grandes hombres, y ella misma tiene, a veces, tan poco discernimiento, que don Juan Manuel corre peligro de quedarse sin laureles, ni aún póstumos.

Una vez puesta en mejor pie la administración, preocupáronlo sobremanera las obras públicas: el edificio de la Municipalidad se caía a pedazos, los caminos eran pantanos invadeables o vertiginosas montañas rusas, la tablada un chiquero, las calles, rompecabezas, y las acequias del riego, mal cuidadas, estaban inmundas, destrozadas, cegadas en gran parte. Qué síntesis del vandalismo oficialista... Como los fondos escaseaban hasta la completa ausencia, don Juan Manuel no sabía cómo remediar tamaña devastación, cuando de repente atravesó su cerebro una idea genial, engendrada por el recuerdo de una conversación con el bearnés Navarrot, jardinero de su chacra.

Allá en los Pirineos, los vecinos hacían desde tiempo inmemorial las obras públicas, construcción y conservación de carreteras, caminos de herraduras, sendas, etc., trabajando uno o más días al mes si era necesario, enviando un substituto si no podían o querían hacerlo personalmente, o en último caso, suministrando dinero para pagar al peón que hiciese sus veces. Iluminado por este recuerdo, don Juan Manuel echó sus cuentas:

-El partido de Pago Chico tendrá unos ocho o diez mil habitantes vaya uno a averiguarlo después de las trampas que han hecho los gubernistas en el censo, con propósitos electorales! ¡Bueno, no importa! Sea como sea, si todos -descontando naturalmente las mujeres y los niños-, trabajan un día por mes en bien de la comuna, en menos de un año se habrán hecho maravillas. ¡Ya estuvo, pues! ¡Manos a la obra!

Como mera fórmula, pero también para mayor tranquilidad de conciencia, habló del asunto con Silvestre, que en su entusiasmo, comenzó a imitar el silbo y el estampido de las bombas de estruendo y a canturrear su estrofa preferida de la Marsellesa.

-Magnífico, don Juan Manuel -gritó, por fin-. Vamos a imitar a los galenses del Chubut, que por su propia iniciativa, sin ayuda oficial, ni decretos del gobierno ni un centavo de gasto, se han hecho magníficos caminos y obras estupendas de irrigación. Lo leí hace poco, en un libro... ¡Ah, bravo! ¡Viva don Juan Manuel García! ¡Pshit... pum... Pshit... puum!... ¡Sean eternos!...

Y él mismo, convertido en amanuense, escribió el iradé convocando a los vecinos para distribuirles sin más discusión el trabajo...

Viera escribió en La Pampa, con muchos circunloquios, que la ordenanza podía no parecer muy constitucional y provocar alguna oposición, pero que, en vista de las circunstancias, la bondad del propósito, etc., había que apoyarla resueltamente... Los destronados entretanto, no desperdiciaron la ocasión de volver por su patrimonio de tanto tiempo, y se movieron como epilépticos, armando el lazo. Pago Chico parecía un avispero.

El día fijado por la ordenanza y a la hora prescripta, don Juan Manuel entró en la Municipalidad, lleno de satisfacción y regocijo. No era, en apariencia, para menos: el largo salón, el potrero llamado patio, las mismas oficinas, estaban de bote en bote. No cabía un alfiler.

-¡Qué me contaban de oposición! -decíase el intendente provisional- ¡Aquí están todos, como un guante!

Pero en cuanto entró diose vuelta la tortilla: un murmullo hostil de desaprobación y enojo fue creciendo hasta el escándalo. Todos hablaban, todos gritaban a un tiempo, gesticulando con los brazos por sobre las cabezas, y entre la alborotada batahola discerníanse frases de este porte: ¡dictadura! ¡anticonstitucional! ¡excesos humillantes! ¡tiranía! ¡demencia! ¡loco de atar! ¡a su casa! ¡al manicomio! ¡muera! ¡abajo!

Don Juan Manuel, colorado como un tomate, con la melena blanca revuelta y erizada, pudo a duras penas y merced a un último resto de prestigio, llegar, abriéndose paso hasta la tarima del fondo, encaramarse, tratar de que le escucharan:

-¡Compatriotas! Se trata del bien común, y con un pequeñísimo esfuerzo...

-¡Abajo! ¡Ya nos secan a impuestos! ¡No es constitucional! ¡Que lo saquen! ¡A sembrar papas! ¡Coco-ro-có! ¡Guau, guau!

El intendente buscó con los ojos al capitán Pérez, aterrado por aquel indecible «titeo». Por fin lo vio, con el brazo recostado en el marco de la puerta, las piernas cruzadas y un palito entre los dientes; se encogía de hombros, «jugándole risa», declarándose impotente, porque él tampoco «las iba» con la ordenanza. Algo más atrás, Silvestre, hacía señas desesperadas: ¡no, no!

El tirano, gritando a voz en cuello, consiguió dominar un instante la infernal algarabía:

-¡Compatriotas! ¡Tienen razón! ¡Me declaro gusano! ¡Ahí queda eso! ¡Busquen madre que los envuelva! ¡Yo, a mi chacra! ¡Que talle otro!

Y calándose el sombrero, cruzó impertérrito y altivo la multitud sorprendida, subió al tílbury, que lo esperaba a la puerta, y dando un latigazo al caballo -única manifestación de su cólera-, echó un ajo como una casa y salió del pueblo al trotecito.

Horas después, los situacionistas formaban una nueva Municipalidad mixta («mistonga» decía Silvestre), y volvían a tomar, disimuladamente todavía, la sartén por el mango. El capitán juzgó acto de prudencia tomar el portante, porque el gobierno provincial se rehacía. Todo encajó otra vez en el viejo quicio y... así terminó la ominosa dictadura pagochiquense de don Juan Manuel.

-¡También meterse a hacer cosas! -le decía más tarde Silvestre-. ¡La Constitución, la Constitución, amigo!... ¡Para gobernar sin opositores es preciso no hacer nada y sobre todo, nada bueno!...

Yzur

Leopoldo Lugones

Compré el mono en el remate de un circo que había quebrado.La primera vez que se me ocurrió tentar la experiencia a cuyo relato están dedicadas estas líneas, fue una tarde, leyendo no sé dónde, que los naturales de Java atribuían la falta de lenguaje articulado en los monos a la abstención, no a la incapacidad. "No hablan, decían, para que no los hagan trabajar".

Semejante idea, nada profunda al principio, acabó por preocuparme hasta convertirse en este postulado antropológico:

Los monos fueron hombres que por una u otra razón dejaron de hablar. El hecho produjo la atrofia de sus órganos de fonación y de los centros cerebrales del lenguaje; debilitó casi hasta suprimirla la relación entre unos y otros, fijando el idioma de la especie en el grito inarticulado, y el humano primitivo descendió a ser animal.

Claro es que si llegara a demostrarse esto quedarían explicadas desde luego todas las anomalías que hacen del mono un ser tan singular; pero esto no tendría sino una demostración posible: volver el mono al lenguaje.

Entre tanto había corrido el mundo con el mío, vinculándolo cada vez más por medio de peripecias y aventuras. En Europa llamó la atención, y de haberlo querido, llegó a darle la celebridad de un Cónsul; pero mi seriedad de hombre de negocios mal se avenía con tales payasadas.

Trabajado por mi idea fija del lenguaje de los monos, agoté toda la bibliografía concerniente al problema, sin ningún resultado apreciable. Sabía únicamente, con entera seguridad, *que no hay ninguna razón científica para que el mono no hable*. Esto llevaba cinco años de meditaciones.

Yzur (nombre cuyo origen nunca pude descubrir, pues lo ignoraba igualmente su anterior patrón), Yzur era ciertamente un animal notable. La educación del circo, bien que reducida casi enteramente al mimetismo, había desarrollado mucho sus facultades; y esto era lo que me incitaba más a ensayar sobre él mi en apariencia disparatada teoría.

Por otra parte, sábese que el chimpancé (Yzur lo era) es entre los monos el mejor provisto de cerebro y uno de los más dóciles, lo cual aumentaba mis probabilidades. Cada vez que lo veía avanzar en dos pies, con las manos a la espalda para conservar el equilibrio, y su aspecto de marinero borracho, la convicción de su humanidad detenida se vigorizaba en mí.

No hay a la verdad razón alguna para que el mono no articule absolutamente. Su lenguaje natural, es decir, el conjunto de gritos con que se comunica a sus semejantes, es asaz variado; su laringe, por más distinta que resulte de la humana, nunca lo es tanto como la del loro, que habla sin embargo; y en cuanto a su cerebro, fuera de que la comparación con el de este último animal desvanece toda duda, basta recordar que el del idiota es también rudimentario, a pesar de lo cual hay cretinos que pronuncian algunas palabras. Por lo que hace a la circunvolución de Broca, depende, es claro, del desarrollo total del cerebro; fuera de que no está probado que ella sea *fatalmente* el sitio de localización del lenguaje. Si es el caso de localización mejor establecido en anatomía, los hechos contradictorios son desde luego incontestables.

Felizmente los monos tienen, entre sus muchas malas condiciones, el gusto por aprender, como lo demuestra su tendencia imitativa; la memoria feliz, la reflexión que llega hasta una profunda facultad de disimulo, y la atención comparativamente más desarrollada que en el niño. Es, pues, un sujeto pedagógico de los más favorables.

El mío era joven además, y es sabido que la juventud constituye la época más intelectual del mono, parecido en esto al negro. La dificultad estribaba solamente en el método que se emplearía para comunicarle la palabra. Conocía todas las infructuosas tentativas de mis antecesores; y está de más decir, que ante la competencia de algunos de ellos y la nulidad de todos sus esfuerzos, mis propósitos fallaron más de una vez, cuando el tanto pensar sobre aquel tema fue llevándome a esta conclusión:

Lo primero consiste en desarrollar el aparato de fonación del mono.

Así es, en efecto, como se procede con los sordomudos antes de llevarlos a la articulación; y no bien hube reflexionado sobre esto, cuando las analogías entre el sordomudo y el mono se agolparon en mi espíritu.

Primero de todo, su extraordinaria movilidad mímica que compensa al lenguaje articulado, demostrando que no por dejar de hablar se deja de pensar, así haya disminución de esta facultad por la paralización de aquella. Después otros caracteres más peculiares por ser más específicos: la diligencia en el trabajo, la fidelidad, el coraje, aumentados hasta la certidumbre por estas dos condiciones cuya comunidad es verdaderamente reveladora; la facilidad para los ejercicios de equilibrio y la resistencia al marco.

Decidí, entonces, empezar mi obra con una verdadera gimnasia de los labios y de la lengua de mi mono, tratándolo en esto como a un sordomudo. En lo restante, me favorecería el oído para establecer comunicaciones directas de palabra, sin necesidad de apelar al tacto. El lector verá que en esta parte prejuzgaba con demasiado optimismo.

Felizmente, el chimpancé es de todos los grandes monos el que tiene labios más movibles; y en el caso particular, habiendo padecido Yzur de anginas, sabía abrir la boca para que se la examinaran.

La primera inspección confirmó en parte mis sospechas. La lengua permanecía en el fondo de su boca, como una masa inerte, sin otros movimientos que los de la deglución. La gimnasia produjo luego su efecto, pues a los dos meses ya sabía sacar la lengua para burlar. Ésta fue la primera relación que conoció entre el movimiento de su lengua y una idea; una relación perfectamente acorde con su naturaleza, por otra parte.

Los labios dieron más trabajo, pues hasta hubo que estirárselos con pinzas; pero apreciaba -quizá por mi expresión- la importancia de aquella tarea anómala y la acometía con viveza. Mientras yo practicaba los movimientos labiales que debía imitar, permanecía sentado, rascándose la grupa con su brazo vuelto hacia atrás y guiñando en una concentración dubitativa, o alisándose las patillas con todo el aire de un hombre que armoniza sus ideas por medio de ademanes rítmicos. Al fin aprendió a mover los labios.

Pero el ejercicio del lenguaje es un arte difícil, como lo prueban los largos balbuceos del niño, que lo llevan, paralelamente con su desarrollo intelectual, a la adquisición del hábito. Está demostrado, en efecto, que el centro propio de las inervaciones vocales, se halla asociado con el de la palabra en forma tal, que el desarrollo normal de ambos depende de su ejercicio armónico; y esto ya lo había presentido en 1785 Heinicke, el inventor del método oral para la enseñanza de los sordomudos, como una consecuencia filosófica. Hablaba de una “concatenación dinámica de las ideas", frase cuya profunda claridad honraría a más de un psicólogo contemporáneo.

Yzur se encontraba, respecto al lenguaje, en la misma situación del niño que antes de hablar entiende ya muchas palabras; pero era mucho más apto para asociar los juicios que debía poseer sobre las cosas, por su mayor experiencia de la vida.

Estos juicios, que no debían ser sólo de impresión, sino también inquisitivos y disquisitivos, a juzgar por el carácter diferencial que asumían, lo cual supone un raciocinio abstracto, le daban un grado superior de inteligencia muy favorable por cierto a mi propósito.

Si mis teorías parecen demasiado audaces, basta con reflexionar que el silogismo, o sea el argumento lógico fundamental, no es extraño a la mente de muchos animales. Como que el silogismo es originariamente una comparación entre dos sensaciones. Si no, ¿por qué los animales que conocen al hombre huyen de él, y no los que nunca le conocieron?...

Comencé, entonces, la educación fonética de Yzur.

Tratábase de enseñarle primero la palabra mecánica, para llevarlo progresivamente a la palabra sensata.

Poseyendo el mono la voz, es decir, llevando esto de ventaja al sordomudo, con más ciertas articulaciones rudimentarias, tratábase de enseñarle las modificaciones de aquella, que constituyen los fonemas y su articulación, llamada por los maestros estática o dinámica, según que se refiera a las vocales o a las consonantes.

Dada la glotonería del mono, y siguiendo en esto un método empleado por Heinicke con los sordomudos, decidí asociar cada vocal con una golosina: *a* con papa; *e* con leche; *i* con vino; *o* con coco; *u* con azúcar, haciendo de modo que la vocal estuviese contenida en el nombre de la golosina, ora con dominio único y repetido como en *papa, coco, leche*, ora reuniendo los dos acentos, tónico y prosódico, es decir, como fundamental: *vino, azúcar.*

Todo anduvo bien, mientras se trató de las vocales, o sea los sonidos que se forman con la boca abierta. Yzur los aprendió en quince días. Sólo que a veces, el aire contenido en sus abazones les daba una rotundidad de trueno. La *u* fue lo que más le costó pronunciar.

Las consonantes me dieron un trabajo endemoniado, y a poco hube de comprender que nunca llegaría a pronunciar aquellas en cuya formación entran los dientes y las encías. Sus largos colmillos y sus abazones, lo estorbaban enteramente.

El vocabulario quedaba reducido, entonces a las cinco vocales, la *b*, la *k*, la *m*, la *g*, la *f* y la *c*, es decir todas aquellas consonantes en cuya formación no intervienen sino el paladar y la lengua.

Aun para esto no me bastó el oído. Hube de recurrir al tacto como un sordomudo, apoyando su mano en mi pecho y luego en el suyo para que sintiera las vibraciones del sonido.

Y pasaron tres años, sin conseguir que formara palabra alguna. Tendía a dar a las cosas, como nombre propio, el de la letra cuyo sonido predominaba en ellas. Esto era todo.

En el circo había aprendido a ladrar como los perros, sus compañeros de tarea; y cuando me veía desesperar ante las vanas tentativas para arrancarle la palabra, ladraba fuertemente como dándome todo lo que sabía. Pronunciaba aisladamente las vocales y consonantes, pero no podía asociarlas. Cuando más, acertaba con una repetición de *pes* y *emes.*

Por despacio que fuera, se había operado un gran cambio en su carácter. Tenía menos movilidad en las facciones, la mirada más profunda, y adoptaba posturas meditativas. Había adquirido, por ejemplo, la costumbre de contemplar las estrellas. Su sensibilidad se desarrollaba igualmente; íbasele notando una gran facilidad de lágrimas. Las lecciones continuaban con inquebrantable tesón, aunque sin mayor éxito. Aquello había llegado a convertirse en una obsesión dolorosa, y poco a poco sentíame inclinado a emplear la fuerza. Mi carácter iba agriándose con el fracaso, hasta asumir una sorda animosidad contra Yzur. Éste se intelectualizaba más, en el fondo de su mutismo rebelde, y empezaba a convencerme de que nunca lo sacaría de allí, cuando supe de golpe que no hablaba porque no quería. El cocinero, horrorizado, vino a decirme una noche que había sorprendido al mono "hablando verdaderas palabras". Estaba, según su narración, acurrucado junto a una higuera de la huerta; pero el terror le impedía recordar lo esencial de esto, es decir, las palabras. Sólo creía retener dos: *cama* y *pipa*. Casi le doy de puntapiés por su imbecilidad.

No necesito decir que pasé la noche poseído de una gran emoción; y lo que en tres años no había cometido, el error que todo lo echó a perder, provino del enervamiento de aquel desvelo, tanto como de mi excesiva curiosidad.

En vez de dejar que el mono llegara naturalmente a la manifestación del lenguaje, llaméle al día siguiente y procuré imponérsela por obediencia.

No conseguí sino las *pes* y las *emes* con que me tenía harto, las guiñadas hipócritas y -Dios me perdone- una cierta vislumbre de ironía en la azogada ubicuidad de sus muecas.

Me encolericé, y sin consideración alguna, le di de azotes. Lo único que logré fue su llanto y un silencio absoluto que excluía hasta los gemidos.

A los tres días cayó enfermo, en una especie de sombría demencia complicada con síntomas de meningitis. Sanguijuelas, afusiones frías, purgantes, revulsivos cutáneos, alcoholaturo de brionia, bromuro -toda la terapéutica del espantoso mal le fue aplicada. Luché con desesperado brío, a impulsos de un remordimiento y de un temor. Aquél por creer a la bestia una víctima de mi crueldad; éste por la suerte del secreto que quizá se llevaba a la tumba.

Mejoró al cabo de mucho tiempo, quedando, no obstante, tan débil, que no podía moverse de su cama. La proximidad de la muerte habíalo ennoblecido y humanizado. Sus ojos llenos de gratitud, no se separaban de mí, siguiéndome por toda la habitación como dos bolas giratorias, aunque estuviese detrás de él; su mano buscaba las mías en una intimidad de convalecencia. En mi gran soledad, iba adquiriendo rápidamente la importancia de una persona.

El demonio del análisis, que no es sino una forma del espíritu de perversidad, impulsábame, sin embargo, a renovar mis experiencias. En realidad el mono había hablado. Aquello no podía quedar así.

Comencé muy despacio, pidiéndole las letras que sabía pronunciar. ¡Nada! Dejelo solo durante horas, espiándolo por un agujerillo del tabique. ¡Nada! Hablele con oraciones breves, procurando tocar su fidelidad o su glotonería. ¡Nada! Cuando aquéllas eran patéticas, los ojos se le hinchaban de llanto. Cuando le decía una frase habitual, como el "yo soy tu amo" con que empezaba todas mis lecciones, o el "tú eres mi mono" con que completaba mi anterior afirmación, para llevar a un espíritu la certidumbre de una verdad total, él asentía cerrando los párpados; pero no producía sonido, ni siquiera llegaba a mover los labios.

Había vuelto a la gesticulación como único medio de comunicarse conmigo; y este detalle, unido a sus analogías con los sordomudos, hacía redoblar mis preocupaciones, pues nadie ignora la gran predisposición de estos últimos a las enfermedades mentales. Por momentos deseaba que se volviera loco, a ver si el delirio rompía al fin su silencio. Su convalecencia seguía estacionaria. La misma flacura, la misma tristeza. Era evidente que estaba enfermo de inteligencia y de dolor. Su unidad orgánica habíase roto al impulso de una cerebración anormal, y día más, día menos, aquél era caso perdido. Más, a pesar de la mansedumbre que el progreso de la enfermedad aumentaba en él, su silencio, aquel desesperante silencio provocado por mi exasperación, no cedía. Desde un oscuro fondo de tradición petrificada en instinto, la raza imponía su milenario mutismo al animal, fortaleciéndose de voluntad atávica en las raíces mismas de su ser. Los antiguos hombres de la selva, que forzó al silencio, es decir, al suicidio intelectual, quién sabe qué bárbara injusticia, mantenían su secreto formado por misterios de bosque y abismos de prehistoria, en aquella decisión ya inconsciente, pero formidable con la inmensidad de su tiempo. Infortunios del antropoide retrasado en la evolución cuya delantera tomaba el humano con un despotismo de sombría barbarie, habían, sin duda, destronado a las grandes familias cuadrumanas del dominio arbóreo de sus primitivos edenes, raleando sus filas, cautivando sus hembras para organizar la esclavitud desde el propio vientre materno, hasta infundir a su impotencia de vencidas el acto de dignidad mortal que las llevaba a romper con el enemigo el vínculo superior también, pero infausto, de la palabra, refugiándose como salvación suprema en la noche de la animalidad.

Y qué horrores, qué estupendas sevicias no habrían cometido los vencedores con la semibestia en trance de evolución, para que ésta, después de haber gustado el encanto intelectual que es el fruto paradisíaco de las biblias, se resignara a aquella claudicación de su extirpe en la degradante igualdad de los inferiores; a aquel retroceso que cristalizaba por siempre su inteligencia en los gestos de un automatismo de acróbata; a aquella gran cobardía de la vida que encorvaría eternamente, como en distintivo bestial, sus espaldas de dominado, imprimiéndole ese melancólico azoramiento que permanece en el fondo de su caricatura.

He aquí lo que, al borde mismo del éxito, había despertado mi malhumor en el fondo del limbo atávico. A través del millón de años, la palabra, con su conjuro, removía la antigua alma simiana; pero contra esa tentación que iba a violar las tinieblas de la animalidad protectora, la memoria ancestral, difundida en la especie bajo un instintivo horror, oponía también edad sobre edad como una muralla.

Yzur entró en agonía sin perder el conocimiento. Una dulce agonía a ojos cerrados, con respiración débil, pulso vago, quietud absoluta, que sólo interrumpía para volver de cuando en cuando hacia mí, con una desgarradora expresión de eternidad, su cara de viejo mulato triste. Y la última noche, la tarde de su muerte, fue cuando ocurrió la cosa extraordinaria que me ha decidido a emprender esta narración.

Habíame dormitado a su cabecera, vencido por el calor y la quietud del crepúsculo que empezaba, cuando sentí de pronto que me asían por la muñeca.

Desperté sobresaltado. El mono, con los ojos muy abiertos, se moría definitivamente aquella vez, y su expresión era tan humana, que me infundió horror; pero su mano, sus ojos, me atraían con tanta elocuencia hacia él, que hube de inclinarme de inmediato a su rostro; y entonces, con su último suspiro, el último suspiro que coronaba y desvanecía a la vez mi esperanza, brotaron -estoy seguro-, brotaron en un murmullo (¿cómo explicar el tono de una voz que ha permanecido sin hablar diez mil siglos?) estas palabras cuya humanidad reconciliaba las especies:

-AMO, AGUA, AMO, MI AMO...

Los azahares de Juanita

Fray Mocho

Mirar los blancos azahares con que se coronan las novias en tren de matrimonio, y sentir una carcajada cosquillearme en la garganta, es todo uno.

Y esto me sucede, no porque sea un cotorrón canalla y descreido, sino porque me acuerdo de Juanita la hija de nuestra vecina doña Antonia, que se casó con mi tío Juan Alberto.

¡Qué impresión sentí cuando la ví coronada de blancas flores de naranjo, emblema de la pureza, a aquella pícara y graciosa muchacha con quien había trincado tanto en el jardín de mi casa!

Vino a mi mente, con toda claridad, la tarde aquella en que por vez primera nos dimos un beso, que fué el incubador de los millones en gérmen que Juanita escondía en las extremidades de su boquita rosada.

Según costumbre, Juanita y yo –dos muchachos de 13 años– habíamos ido al jardín en busca de violetas, durante una templada tarde de Agosto.

Allí, sentados a la sombra de los grandes árboles, escudriñábamos entre las hojas verdes, buscando las pequeñas flores fragantes.

Examinábamos la misma mata y de repente nuestras manos se encontraron sobre el tallo de una gran violeta nacida al reparo de una piedra, que yo me apresuré a cortar.

–¡Qué linda... –dijo ella,– dámela!

–¡No!... es para mi ramo!

–¡Dámela, me repitió, pero esta vez con un tono tal, que me obligó a mirarla a la cara... ¡no seas malo!

Y sus ojos negros fijándose en los míos me hicieron experimentar algo de que aún no me doy cuenta.

–¿No me la dás?... –volvió a preguntarme.

Y como yo al mirarla me sonriera, se rió ella, mostrándome sus pequeños dientes blancos, mientras exclamaba con un tono de reproche... ¡Malo!

–Y si te la doy, ¿qué me dás a mí? –le pregunté mirándola fijamente. – Dámela volvió a decirme, queriendo arrebatarme la codiciada flor y sin responder a mi pregunta.

– Bueno... ¿qué me dás?

– ¡Si no tengo nada que darte!

Y se puso encendida

– ¡Dame un beso!... ¿Quiéres?

– ¡Gran cosa!... ¿Y me dás la violeta esa?

– ¡Sí...! ¡no!... ¡Dame dos besos y te la doy!

– No... no quiero... ¡nos van a ver!

– ¡No nos ven... nos vamos allá... a la glorieta! Y me acuerdo que sin saber como, me encontré teniendo una de sus manecitas lindas, entre las mías.

– No... no...

– ¡Vamos... te la doy!

Y al decirle esto la tomé por la cintura para hacerla levantarse.

Se puso de pié y como yo le hubiera hecho cosquillas, se reía.

Riéndose me siguió.

Nos sentamos en un banco perdido entre el follaje, uno al lado del otro. – Bueno... dame la violeta primero, –me dijo.

– ¡Qué esperanza!... Primero los besos...

– No, no..., me vas a hacer trampa.

– Bueno... ¡los dos a un tiempo entonces!

– ¡Oh! ¿Y cómo?

– Vos tomas la violeta del tronquito y cuando me dés los besos, la largo.

Así lo hicimos, pero yo recibí los besos y no largué el tronquito.

– ¡Tramposo!

Y se dejó caer a mi lado haciéndose la que lloraba.

– Si me los has dado. ¡Yo fuí el que te los dí...!

– ¡Pues no!... Es lo mismo después de todo...!

Y yo pasé mi brazo al rededor de su talle aún no bien formado, yendo a poner mi mano sobre su corazoncito que sentí latía tan ligero como el mío, sintiendo a la vez otra cosa que me deleitó tocar.

– Bah!... mano larga!... – me dijo y riéndose porque le hacía cosquillas... –déjame!

Como yo continuara se echó para atrás descubriendo su cuello terso y se rió con toda franqueza, entrecerrando sus ojos negros.

Yo me levanté sin retirar mi mano de sobre su corazoncito que seguía latiendo apresurado y estirándome hasta alcanzar su boca entreabierta traté de juntar con los míos sus labios rojos y húmedos.

Sentí que me pasaba la mano por el cuello y reteniendo su cabeza junto a la mía, me besaba sin contar cuantas veces lo hacía.

No se lo que pasó por nosotros, sólo recuerdo que cuando adquirimos conciencia de nuestra situación, nos hallábamos fuera del banco, envueltos entre las madreselvas de la glorieta, que nos embriagaban con la fragancia de las flores.

Y olvidamos la gran violeta crecida al reparo de la piedra, pero no la escena de la glorieta.

Todas las tardes íbamos a ella con pretexto de hacer nuestros ramos y la abandonábamos tras largo rato, llevando las flores tal como las habíamos traído.

Después, hombre yo y mujer ella, muchas veces nos hallamos en la glorieta querida con el mismo pretexto que cuando niños!

El destino nos separó y volví a verla recién la noche de su casamiento con mi tío Juan Alberto, coronada de blancos azahares.

Al verlos, recordé la glorieta verde del jardín de mi casa y por eso me impresioné tanto; por eso exclamé lo que siempre repito cuando veo una novia con su corona blanca.

– ¡Ah... los azahares!... representan la pureza.

Al rescoldo

Ricardo Güiraldes

Hartas de silencio, morían las brasas aterciopelándose de ceniza. El candil tiraba su llama loca ennegreciendo el muro. Y la última llama del fogón lengüeteaba en torno a la pava sumida en morrongueo soñoliento.

Semejantes, mis noches se seguían, y me dejaba andar a esa pereza general, pensando o no pensando, mientras vagamente oía el silbido ronco de la pava, la sedosidad de algún bordoneo o el murmullo vago de voces pensativas que me arrullaban como un arrorró.

En la mesa, una eterna partida de tute dio su fin. Todos volvían, preparándose a tomar los últimos cimarrones del día y atardarse en una conversación lenta.

Silverio, un hombrón de diez y nueve años, acercó un banco al mío.

Familiarmente dejó caer su puño sobre mi muslo.

—¡Chupe y no se duerma!

Tomé el mate que otro me ofrecía, sin que lo hubiera visto, distraído.

Silverio reía con su risa franca. Una explosión de dientes blancos en el semblante virilmente tostado de aire.

Dirigió sus pullas a otro.

—Don Segundo, se le van a pegar los dedos, venga a contar un cuento... atraque un banco.

El enorme moreno se empacaba en un bordoneo demasiado difícil para sus manos callosas. Su pequeño sombrero, requintado, le hacía parecer más grande.

Dejó en un rincón el instrumento, plagado de golpes y uñazos, con sus cuerdas anudadas como miembros viejos.

—Arrímese – dijo uno, dándole lugar –, que aquí no hay duendes.

Hacía alusión a las supersticiones del viejo paisano. Supersticiones conocidas de todos y que completaban su silueta característica.

–De duendes –dijo– les voy a contar un cuento. Y recogió el chiripá, sobre las rodillas para que no rozara el suelo.

Un cuento es para alguien pretexto de hermosas frases estudio, para otros; para aquéllos, un medio de conciliar el sueño.

Pero manjar exquisito para el criollo, por su rareza, hace que éste viva al par del héroe de la historia y tenga gestos, hasta palabras de protesta, en los momentos álgidos. Sus emociones son tan reales, que si le dijera: «¡Esos son los traidores! ¡Esa es el ánima malhechora!», muchos de entre ellos tendrían placer en dar una manito al hombre cuya alma ha repercutido en las suyas por un gesto noble, una palabra altanera o una actitud de coraje en momentos aciagos.

Dejaron que el hombre meditara, pues es exordio necesario a toda buena relación, y de antemano se prepararon a saborear emociones, evocando lo que cada cual había tenido que ver en esos fenómenos cuya causa ignoran y que atribuyen al sobrenatural (gracias a Dios).

El que menos pasó su momento de terror en la vida. Uno se topó con la viuda, otro, con una luz mala que trepara en ancas del caballo a aquél le había salido el chancho, y éste otro se perdió en un cementerio poblado de quejidos.

–Est'era un inglés –comenzó el relator–, moso grande y juerte, metido ya en más de una peyejería, y que había criao fama de hombre aveso pa salir de un apuro.

Iba, en esa ocasión, a comprar una noviyada gorda y mestisona, de una viuda ricacha, y no paraba en descontar los ojos de güey que podía agensiarse en el negosio.

Era noche serrada, y el hombre cavilaba sobre los ardiles que emplearía con la viuda pa engordar un capitalito que había amontonao comprando hasienda pa los corrales.

Faltarían dos leguas para yegar, cuando uno de los mancarrones de la volanta dentró a bailar —desparejo y jue opinión del cochero darles más bien un resueyo y seguir pegándole al día siguiente con la fresca. Pero el inglés, apurao por sus patacones, no se quería conformar con el atraso, y fayó por dirse a pie más bien que abandonar la partida.

Así jue, y el cochero le señaló dos caminos. Uno yendo derecho pal Sur, hasta una pulpería de donde no tendría más que seguir el cayejón hasta la estansia y otro más corto, tomando derecho a un monte, que podía devisarse de donde estaban y, en crusándolo, enderesar a un ombú, que ésa era la estancia e la viuda. Pero el camino era peligroso, y muchas cosas se contaban de los que se habían quedao por querer crusarlo. Era el quintón de Álvarez, nombrao en todo el partido, y que el inglés conosía de mentas.

Se desía que había una ánima, pero el cochero le relató la verdad.

Era que el hijo de la viuda desaparesió un día sin dejar más rastro que un papelito, en que pedía que no olvidaran su alma, condenarla a vagar por el mundo, y que le pusieran todos los días una tira de asao y dos pesos en un escampao que había en el quintón.

Dende ese día se cumplió con la voluntad del finao, y a la madrugada siguiente aparecía el plato vasío. Los dos pesos se los habían llevao, y en la tierra, escrito con los dedos, desía, «grasias», y esto a naides sorprendía, porque el finao jue hombre cumplido, y aunque no supiera escrebir, otra cosa jue su alma.

Dende entonses no hay cristiano que se atreva a crusar de noche, y los más corajudos han güelto a mitad de camino y cuentan cosas estrañas.

La viejita llevaba de día la comida y los dos pesos, y no le había susedido nada, de no oír la voz del alma en pena de su hijo que le agradesía.

Con esto concluyó su relato el cochero, le desió güenas noches al inglés y agarró camino pal poblao, mientras el otro enderesaba al monte, pues era hombre de agayas y no creiba en aparisiones.

Yegó y, sin titubiar, rumbió pal medio, buscando el abra en que debía estar la comida.

Cualquiera se hubiera acoquinao en aquella escuridad, pero al inglés le buyía la curiosidá y el alma le retosaba de coraje.

Así jue, pues, que yegó al punto señalao y vido el plato con la comida y los dos pesos, que no era hora toavía de salir las ánimas y estaban como la mano e la viuda los había dejao.

Se agasapó entre el yuyal, peló un trabuco y aguaitó lo que viniera.

Ya lo estaba sopapiando el sueño, cuando un baruyo de hojarasca le hiso parar la oreja. Vichó pa todos laos, y no tardó en vislumbrar un gaucho haraposo.

Este tersiaba en el braso un poncho blanco que de largo arrastraba p'ol suelo; las botas, de potro, no le alcansaban más que hasta medio pie, y traiba un chiripasito corto con más aujeros que disgustos tiene un pobre.

Ay no más se sentó juntito al plato, peló una daga como de una brasada de largor y dio comienso a tragar a lo hambriento.

En eso, y Dios parese que sirviera las miras del inglés, se alsó un remolino que arrió con los dos pesos. El malevo largó el cuchillo y dentró a perseguirlos, como un abriboca, cuando sintió, pa mal de sus pecaos, que el inglés lo había acogotao y quería darle fin de un trabucaso. Entonces regó por su vida, alegando que él, aunque se había disgrasiao, no era un bandido y que le contaría cómo se había hecho ánima.

Ay verán.

Hasía ya más de veinte años, en sus mosedades, este paisano había jurao cortarle la cresta al gayo, que le arrastraba el ala a su china; pero ese hombre era el finao Jasinto, entonses moso pudiente en el partido, y le encajaron una marimba e palos, acusándolo de pendensiero.

Dende entonses hiso la promesa de no tener pas hasta vengarse del hombre que lo había agrabiao robándole la prenda. Y una noche quiso el destino que lo hayase solo, y lo mató, pero peliando en güena lay. Dispués había enterrao al muerto y, peligrando que lo vieran, había gatiao, de noche, hasta las casas de la viuda, donde le dejó un papelito que le debía asigurar la comida y una platita pa poder con el tiempo salir de apuros.

Esa era su historia y los sustos que daba a la gente, envolviéndose en su poncho blanco, era de miedo que lo encontraran un día y lo reconosieran.

Golvió a pedir por su vida, que bastante castigo tenía con su disgrasia.

El inglés, poco amigo de alcagüeterías, prometió cayarse y dejarlo al infelis yorando su amargura.

Esto pasó hase muchos años, y disen que al inglés, como premio a su güena alma, nunca le salió más redondo un negosio. Don Segundo hizo una pausa, su cara bronceada parecía impresionada por sus palabras, y golpeaba con una ramita robada al fuego la maternal fecundidad de la olla.

El auditorio esperaba en calma la conclusión de la historia.

—Güeno, es el caso que muchos años dispués tuvo ocasión el inglés, que era viajadoraso, de golver por el pago.

Paró en casa e la viuda, y no podía dejar de pensar en lo que le había susedido por sus mocedades.

En la mesa, aunque fuera asunto delicao, preguntó a la patrona por el ánima de su hijo. La viejita se largó a yorar, disiendo que ya nunca oiba la voz de su hijo querido y que ya no escribía gracias como antes en el suelo.

Dejuro en algo lo había ofendido, que eya no sabía tratar con espíritus, y, pa colmo, ni los dos pesos se alsaba, aunque siempre comía lo que eya le yevaba. Muchas veses había yorao suplicándole al alma le contestara, pero nunca hayó respuesta a sus lamentos.

Al inglés le picó la curiosidá y, aunque estaba medio bichoco por los años pa meterse en malos pasos, se le remosaba el alma con el recuerdo y se aprestó pa la noche misma. Dijo a la vieja que tendería el recao bajo el alero, que la noche iba a ser caliente; y cuando todos se habían dormido, enderesó al Quintón con un paso menos asentao que años antes y caviloso sobre el cambio que había dao el malevo en sus costumbres.

Ni bien yegó al parque, un ventarrón se alsó, y creyó el hombre en mal aviso. Se abrió paso como pudo entre las malesas y yegó trompesando al abra dispués de muchas güeltas. Venía sudando, el aliento se le añudaba en el garguero y se sentó a descansar, esperando que se le pasara el sofocón y preguntándose si no sería miedo. Malo es pa un varón hacerse esa pregunta, y el hombre ya comensó a sobresaltarse con los ruidos de aqueya soledá.

La tormenta suele alsar ruidos extraños en la arboleda. A vieses el viento es como un yanto de mujer, una rama rota gime como un cristiano, y hasta a mí me ha susedido quedarme atento al ruido de un cascarón de uncalito que golpeaba el tronco, creyendo juera el alma de algún condenao a hachar leña sin descanso. Al día siguiente, como susede en esos castigos de Dios, el ánima encuentra desecho su trabajo y tiene que seguir hachando y hachando con la esperansa que un día el filo de su hacha ruempa el encanto.

En esos momentos he sentido achicarsemé el alma, pensando en lo que a cada uno le puede guardar la suerte, y me hago cargo lo que sería del inglés, ya viejón, con más de un pecao ensima, figurandosé que esa sería la'ora de su castigo.

Pero él no creiba en ánimas, de suerte que crió coraje y se arrimó al lugar en que debía estar el plato. Lo hayó como antes, y como antes también se agasapó pa esperar.

Ya harían muchas horas que estaba ayí, y le paresió una eternidá. No podía ver la hora por la escuridá y quiso levantarse pero sintió como una mano que le pasaba por la carretiya y se agachó más bajito, pues ya le estaba entrando frío, y si no ganaba las casas era porque tenía miedo.

Tendió la oreja y sintió que, en frente, algo caminaba entre las hojas secas. Había parao el viento y podía oír clarito los pasos de un cristiano que gateaba.

Aguantó el resueyo y miró pal lao que venía el ruido. Como a una cuarta del suelo, vido relumbrar dos ojos que lo miraban. Sintió que el corasón le daba un vuelco y apretó el cuchillo que había desenvainao, jurando que, si era broma, bien cara la había de pagar quien le hasía pasar tamaño susto. Pero golvió a mirar, y más cerca dos otros ojitos briyaron; sintió un tropel a su espalda, le peresió que alguien se raiba, y ya, mitad de rabia y miedo, saltó al esplayao.

–Venga –gritó– el que sea, que yo le he de en... pero, ay no más, un bulto le pegó en las piernas, el hombre trabocó unos pasos y se jue de largo, cayendo con el hosico entre el plato de latón vasío. Más sombras le pasaron por ensima, alguno le gritó una cosa al oído, yevándosele media oreja, sintió como patas peludas de diablo que le pisoteaban la cara y se la rajuñaban.

Hiso juerza y disparó pal monte. No quería saber nada, y corría este cristiano por entre los árboles, dándose contra los troncos, pisando en falso, enredándose en las bisnagas, chusiándose en los cardos, y gritaba como ternero perdido rogando al Señor lo sacara de ese infierno.

Don Segundo se rió.

–Ave María, susto grande se yevó este hombre.

–Vea el duro –gritó otro– se hizo manteca. Y cómo jue que había tanto bulto, si parese maldisión rió Silverio.

–Jue –siguió don Segundo–, que la tal ánima había juntao unos pesos y juyó del pago a vivir como Dios manda. Como la viuda seguía poniendo la comida, la olfatió un zorro, y dende entonses vienen en manada. El que quiera sacárselas tiene que ir alvertido y no pisar en hoyos.

Todos festejaron el cuento. Decididamente, don Segundo los había fumao para que no lo embromaran, pero el cuento valía uno serio.

Hubo un movimiento general. A los que estaban cebando se les había enfriado la yerba; otros se fueron a dormir, mientras los menos cansados volvían hacia la mesa, donde la baraja, manoseada y vieja, esperaba el apretón cariñoso de las manos fuertes.

Los hombres fieras

Roberto Arlt

El sacerdote negro apoyó los pies en un travesaño de bambú del barandal de su bungalow, y mirando un elefante que se dirigía hacia su establo cruzando las calles de Monrovia, le dijo al joven juez Denis, un negro americano llegado hacía poco de Harlem a la Costa de Marfil:

-En mi carácter de sacerdote católico de la Iglesia de Liberia debía aconsejarle a usted que no hiciera ahorcar al niño Tul; pero antes de permitirme interceder por el pequeño antropófago, le recordaré a usted lo que le sucedió a un juez que tuvimos hace algunos años, el doctor Traitering.

"El doctor Traitering era americano como usted. Fue un hombre recto, aunque no se distinguió nunca por su asiduidad a la Sagrada Mesa. No. Sin embargo, trató de eliminar muchas de las bestiales costumbres de nuestros hermanos inferiores, y únicamente el señor presidente de la República y yo conocemos el misterio de su muerte. Y ahora lo conocerá usted."

El doctor Denis se inclinó ceremonioso. Era un negro que estaba dispuesto a hacer carrera. El sacerdote encendió su pipa, llenó el vaso del juez con un transparente aguardiente de palma, y prosiguió:

-El señor Traitering era nativo de Florida, y, como usted, vino aquí, a Liberia, nombrado por la poderosa influencia de una gran compañía fabricante de neumáticos. Nosotros hemos conceptuado siempre un error nombrar negros nacidos en tierras extrañas para regir los destinos del país de una manera u otra, pero la baja del caucho obliga a todo...

El doctor negro sonrió obsequioso, y haciendo una mueca terrible ingirió el vasito de aguardiente de palma. El sacerdote continuó:

-Yo he sentido siempre que el hombre de color, extranjero en este país, está desvinculado del clima de la selva y de la tierra. Y cuando menos lo espera, se encuentra enganchado por el engranaje del misterio bestial que en todos nosotros ha puesto el demonio, siempre en acecho del alma animal de estos pobrecitos salvajes.

El doctor Denis volvió a sonreír con obsequiosa máscara de chocolate, y el sacerdote, sirviéndole otro vasito de aguardiente de palma, prosiguió su relato:

-Hace cosa de siete años se produjeron numerosas desapariciones, que, con toda razón, supusimos de origen criminal. Niños y doncellas, a veces hasta hombres robustos, salían de sus chozas para no regresar. Las poblaciones de Krus comenzaron a sentirse alarmadas; al caer la tarde, frente a las cabañas, las mujeres miraban impacientes los desiertos caminos, temiendo por la desaparición de los suyos. Se iniciaron investigaciones, se ofrecieron premios, y finalmente un esclavo mandinga reveló que había sido invitado a una fiesta en el bosque que está más allá del rápido de Manba. Se destacó una compañía de gendarmes, y una noche pudo detenerse a una banda compuesta de cuarenta hombres que danzaban en torno de una muchacha de la tribu de De, listos ya para sacrificarla. Algunos de los criminales estaban cubiertos de orejudas máscaras de madera; otros, embozados en pieles de fieras. Había entre ellos hombres de la tribu de los gbalín, para quienes la antropofagia es familiar, y también un niño de Kwesi, de brazos largos y piernas cortas que parecía un pequeño gorila. Todos confesaron sus delitos -habían devorado vivas a muchas personas-, pero no había uno solo de ellos que no alegara que cometía estos crímenes cuando se había metamorfoseado en una bestia...

-Sugestión colectiva -murmuró el negro doctor.

El sacerdote volvió su mirada hostil al pedantesco congénere, y el doctor Denis comprendió que le convenía disimular su sabiduría materialista, y para hacerse perdonar la indiscreción repuso:

-La declaración del niño, ¿coincidió con la de los mayores?

-Sí. El niño Gan alegó que cuando bailaba con los otros hombres en el bosque a medida que danzaba sentía que se iba metamorfoseando en una hiena. Traitering condenó a esos cuarenta criminales a la horca; su sentencia se ejecutó, y los cuarenta caníbales fueron colgados de las ramas de los árboles en los caminos que conducían a Monrovia. El único que se libró de ser ejecutado fue el niño Gan, debido a su corta edad: doce años.

"Cuando el juez Traitering me expuso sus escrúpulos, yo me manifesté de acuerdo con él. No era posible ahorcar a una criatura de doce años. Pero Traitering estaba personalmente interesado en el caso. Pensaba escribir un libro sobre costumbres de nuestros negros, de modo que condenó al niño a prisión perpetua. Pronto olvidamos todos a los cuarenta ahorcados. En este país hay demasiado trabajo para disponer de tiempo para pensar en muertos, y dos meses después de aquel suceso, estando yo una tarde en este barandal, mirando como mira usted al elefante de míster Marshall, bruscamente apareció el doctor Traitering.

"Creo haberle dicho a usted que el juez era un hombre alto y robusto, de ojos saltones y miembros pesados. Pero ahora, su pie, como un traje excesivamente holgado, colgaba sobre la agobiada percha de su osamenta. Me miró tristemente, como un gorila cuando se siente enfermo del pecho, y me dijo:

-Padre, tengo algo muy grave que conversar con usted.

"Quiero advertirle, doctor Denis, que el juez Traitering no era un hombre religioso ni mucho menos. Sin embargo, me di cuenta de que se trataba de un caso importante, y dejando de ocuparme del elefante de míster Marshall, hice sentar al juez donde está usted sentado, le ofrecí un vaso de aguardiente y me quedé callado, esperando su confidencia.

"Traitering lanzó un largo suspiro, pero permaneció en silencio. Yo no abrí la boca y volví a ocuparme de los chicos de míster Marshall, que jugaban en torno de las patas del elefante. Finalmente, el juez Traitering, después de lanzar otro suspiro, me dijo:

"-¿Se acuerda, padre, de los cuarenta ahorcados?

"Francamente, yo ya no me acordaba. Por eso le respondí un poco aturdidamente:

"-¿Qué pasa? ¿Han resucitado?

"Traitering sonriose débilmente:

"-Ojalá hubieran resucitado! ¿Recuerda usted, padre, que me aconsejó que indultara al niño?

"Efectivamente, yo no podía negar que le había aconsejado que indultara al pequeño Gan.

"-Sí, sí... ¿Qué es de ese huérfano?

"-Lo he asesinado ayer, padre.

"Me quedé mirando atónito al juez Traitering. ¡Había asesinado al niño!

"-¿Por qué ha hecho eso? -terminé por preguntarle-. ¿Por qué lo asesinó?

"Ah, padre..., padre!... -Y el juez Traitering se echó a llorar como una criatura-. No se imagina usted la calidad de monstruo que era ese niño. Si le hubiera hecho ahorcar en compañía de los otros, no estaría yo aquí. No.

"A mí se me partía el alma de ver llorar a un hombrón tan recio. Traté de consolarlo, y le serví un vaso de aguardiente. (Aquí el padre aprovechó para servirse otro y llenarle el vaso al doctor Denis.)

"¿Qué ha pasado? -le dije.

"Finalmente, el juez Traitering comenzó a relatarme su desgracia.

"¡Santo nombre de Dios! Y después hay gente que duda de la existencia del demonio. He aquí lo que contó el infortunado:

"-Un mes después que hice ahorcar a los cuarenta antropófagos del rápido de Manba recordé que en la cárcel permanecía encerrado el niño Gan, y como disponía de tiempo resolví tomar apuntes respecto al proceso en que el niño declaraba sentir que se metamorfoseaba en hiena. Una tarde le hice traer a mi oficina. Un soldado me entregó al niño, y yo quedé solo con él en mi despacho

"-¿Estarás contento de haber salvado la piel? -le dije al chico en dialecto krus.

"El pequeño caníbal no contestó palabra.

"-¿No quisieras ahora un trozo de carne humana? -le pregunté.

"Gan continuó en silencio. Yo insistí:

"-Si me cuentas cómo hacías para convertirte en hiena te daré un trozo de carne de mandinga (los mandingas son recios enemigos de los kwesi) y una botella de aguardiente.

"Gan no abrió la boca Continuaba mirándome fijamente, y cuanto más él me miraba más simpatía experimentaba yo hacia él. Se iba formando un lazo de amistad secreta entre nosotros. Quizá por mis venas también circulara sangre de negro kwesi, pensé. Y entonces poniéndome de pie, me acerqué a Gan e intenté pasarle la mano por la cabeza; pero Gan se retiró velozmente, y encogiendo el labio superior se quedó mostrándome los dientes como una fiera que quiere morder. Ah, padre! Yo no sé qué pasó en aquel momento por mí; recuerdo perfectamente que no sentí ningún desagrado por ese gesto bestial, sino que riéndome también yo fruncí los labios, mostrándole los dientes al caníbal. Entonces Gan apoyó las manos en el suelo y comenzó a andar ágilmente en cuatro pies rozándome las pantorrillas con el flanco; yo experimenté un sobresalto terrible, me precipité a la puerta, la cerré con llave, y apoyando las manos en el suelo, también me puse a caminar como una fiera. Y el niño lanzaba gruñidos y yo le imitaba y ambos parecíamos dos fieras que no se resuelven a reñir.

"-¿Es posible? -interrumpí asombrado.

"Ah, padre! Vaya, si es posible! Lo único que recuerdo es que en aquel momento experimenté un placer vertiginoso en degradar mi dignidad humana. Además, sentía un deseo tan violento de morder, que creo que hubiera terminado por despedazar a Gan. Él gruñía sordamente como una hiena acorralada. En aquel momento alguien llamó a la puerta. Gan corriendo siempre en cuatro pies, se ocultó detrás de mi escritorio; yo despaché al soldado que había traído al muchacho. La verdad es que en aquellos momentos sólo me animaba un propósito. Después que el soldado se hubo alejado, le dije a Gan:

"-Esta noche iremos al bosque.

"Gan movió la cabeza asintiendo.

"Entonces dejé al niño encerrado, me eché la llave al bolsillo y salí. Estaba afiebrado de impaciencia. Marché hacia el malecón, paseé por las orillas del lago; esperaba que la vista del agua y de las embarcaciones me calmarían, pero el cuadro de civilización del puerto me causó repulsión. Ansiaba vehementemente volver a la selva, convertirme en una bestia. Cuando la última luz de Krutown se hubo apagado, entré en el escritorio, tomé a Gan de una mano y lo hice subir a mi automóvil. Rápidamente dejamos atrás el cementerio de los krus, los cauchales. Finalmente llegué a un claro del bosque, oculté el automóvil bajo una cortina de lianas y dije a Gan:

"-Haz la hiena.

"Una luna llena iluminaba el camino; Gan apoyó las manos en el suelo, y yo lo imité. A poco de iniciado este juego comenzamos a gruñir, luego nos afilamos las uñas en el tronco de los árboles, hasta que, cansados, nos echamos en el polvo del camino. Juro, padre, que en aquel momento sentí que tenía cola. No hablábamos. "Sabíamos" que esperábamos a alguien. Nada más. Pero ese alguien no llegaba. La noche estaba muy avanzada, la selva se había poblado de mil ruidos, y no llegaba nadie, cuando de pronto escuchamos el silbido de un hombre, una sombra se movió en el camino, y cuando el hombre estuvo cerca de nosotros, Gan saltó sobre él, le tiró al suelo y le desgarró la garganta de un mordisco. Fue una escena vertiginosa, casi incomprensible... Dispénseme, padre, de narrarle lo que hicimos después. Yo me sentía tigre; al amanecer me sorprendí con mi conciencia de hombre vuelta a un cuerpo completamente manchado de sangre. Gan con la cara aplastada en la hojarasca, dormía su hartazgo espantoso.

"Desperté a Gan, nos lavamos en un arroyo y volvimos a Monrovia. Devolví el caníbal a la cárcel: yo estaba horrorizado de la experiencia, creía que sería la última; pero pocos días después la tentación se presentó tan enorme y dominante, que hice traer a Gan de la cárcel, aguardé la noche, y en su compañía nuevamente volví al bosque.

"Desde entonces mi vida ha sido un infierno. Remordimientos y crímenes. Finalmente me resolví. Ayer, en compañía de Gan, fui al bosque, y allí lo maté de un tiro.

Y ahora estoy aquí, padre, para pedirle la absolución de mis pecados y el perdón, porque me mataré. Es necesario que aproveche este intervalo de lucidez para exterminarme, antes que vuelva la horrible tentación a lanzarme al bosque en busca de víctimas..."

El sacerdote negro calló, y Denis se quedó mirándolo. Luego murmuró:

-¿Qué hizo usted, padre?

-Comprendí que el juez Traitering tenía razón de querer matarse. Él no quería destruir el hombre que llevaba en sí, sino a la fiera despierta en él. Lo confesé, le di la absolución y le dejé marcharse.

Algunas horas después, un muchacho del puerto trajo la noticia de que el juez Traitering se había ahogado.

Los dos hombres callaron. Los niños de míster Marshall habían dejado de jugar en torno de las patas del elefante. El sacerdote negro bebió su quinta copa de aguardiente de palma, y le dijo al flamante juez:

-Yo no le aconsejo que haga ejecutar al pequeño caníbal que usted tiene que juzgar, pero que esta historia le sirva para ponerse en guardia, que jamás bebió vino ni mordió carne.

Los Ojos de la Reina

Leopoldo Lugones

I

No bien supe por aquella breve noticia de periódico matinal que, según la consa-bida fórmula, Mr. Neale Skinner había "fallecido inesperadamente, víctima de una repentina enfermedad" cuando se me impuso con dominante nitidez la causa del suceso: Mr. Neale se ha suicidado por "esa" mujer. Impresión a la vez dolorosa e indignada ante el prematuro fin de una vida útil y de una amistad ya excelente, si bien muy retraída ahora último por aquella fatal aventura. Tenía apenas el tiempo suficiente para vestirme y acudir a la casa de huéspedes donde el malogrado ingeniero residió desde su incorporación al Ministerio de Obras Públicas, pues la noticia indicaba que el cortejo se pondría en marcha a las diez. Pasada la triste ceremonia, trataría de averiguar esa tarde en la correspondiente repartición de la Dirección de Ferrocarriles lo que allá supieran del inesperado drama, pues Mr. Guthrie, único amigo común, andaba ausente por el interior, según mis noticias. Probablemente, pensé, la falta de aquel íntimo compañero habrá contribuido a precipitar la catástrofe. Mr. Neale, a quien debí, como se recordará, la curiosa narración del "Vaso de Alabastro", había sido contratado, poco después de fijar él su residencia entre nosotros, por la Dirección de Ferrocarriles, bien informada, en verdad, sobre su mérito de especialista. Pero su incorporación a nuestro cuerpo técnico, que todos celebramos, y cuyo acierto comprobó él mismo poco después, dilucidando una complicadísima regre-sión en cierto tramo de la línea de Huaitiquina; debióse a las relaciones que en-tabló con aquella misteriosa dama del "perfume de la muerte", cuya arrogante figura percibimos sólo al pasar, la tarde de la recordada narración, y que según Mr. Guthrie, su conocido eventual, contaba dos suicidas entre sus adoradores... Habiendo encontrado a la pareja en el teatro algunas veces, la circunstancia de que siempre ocupara palcos altos, y a una distancia que la discreción me vedaba acortar, impidióme percibir claramente el rostro de la dama, bastante esquivo, además, tras los calados sombreros a la moda; pero conocía la fama de su her-mosura, por los comentarios sobre "la egipcia del Plaza", como le pusieron duran-te el breve tiempo de su residencia en dicho hotel.Súpose luego su traslación a una casa de cierto barrio distante, donde el ingenie-ro la visitaba, y esto fue todo; mas la trivial aventura complicábase para mí con el recuerdo del mencionado perfume, que era, o pareció a Mr. Neale, el mismo del vaso de alabastro descubierto en la tumba de Tut-Anj-Amón y cuya exhalación, según él, causó a lord Carnarvon la muerte.

II

Mientras pensaba todo esto, llegué al domicilio del difunto Mr. Neale, cuando el cortejo estaba ya organizado. Los concurrentes, seis en totalidad, me eran desconocidos, con excepción de Mr. Guthrie, que había llegado la tarde anterior, pocas horas después del suceso, y que se hallaba profundamente abatido. Creo que mi presencia le fue grata, por la emoción con que estrechó mi mano en silencio. Ocupé, pues, en su compañía uno de los dos coches que formaban el modesto cortejo, según la voluntad del difunto, expresada en su cana final; mientras to-maban el otro cuatro personas: un empleado del Ministerio, un huésped de la casa, que había trabado amistad con el extinto, y dos representantes de la "En-glish Literary Society", me parece. Debimos, pues, aceptar a uno de los descono-cidos, quien solicitó asiento con profunda cortesía. Mr. Guthrie hizo la presenta-ción, pero en voz tan baja que no distinguí bien el nombre. Creí percibir algo co-mo Nazar, o Monzón, apellidos que correspondían al tipo fuertemente criollo del sujeto, moreno, entrecano, de corta barba casi blanca. Pero ya Mr. Guthrie me narraba los detalles, breves, por lo demás, del funesto caso. Absorto en su pasión, Mr. Neale había ido aislándose, hasta cortar, o poco me-nos, casi todas las relaciones, aunque nada indicaba en él desasosiego ni amar-gura. No sin gran sorpresa, pues, recibió su compañero en Tucumán, cuatro días antes, una carta sospechosamente alusiva a cierto viaje que debía realizar de un momento a otro, dando a entender como causa una comisión del servicio; pero agregando recomendaciones familiares de minuciosa intimidad, además de un pedido reiterado y perentorio: que por todos los medios posibles se evitara moles-tias a su amiga, en caso de sobrevenir algún episodio desagradable. Lleno de ansiedad, Mr. Guthrie partió en el acto, sin conseguir, no obstante, evi-tar el desastre que presentía. Suicidio vulgar, en la solitaria habitación donde los demás huéspedes estuvieron casi junto con el tiro, la clásica epístola al comisario: "no se culpe a nadie...", "cansancio de la vida..." –excluía con tal evidencia toda complicación, que el juez pudo expedir a las nueve de la noche el permiso de inhumar, reclamado por la patrona con premura comprensible. –La multitud de formalidades tan penosas– concluyó Mr. Guthrie–, impidióme advertir a usted. –Con todo–, opiné yo–, creo necesario indicar al juez la posible influencia de esa enigmática persona. Una muerte es una muerte, y la galantería póstuma de Mr. Neale, delicadísima en verdad, no puede comprometer nuestra conciencia. –Pero la última voluntad de los difuntos es sagrada... –repuso suavemente nuestro compañero eventual, mudo hasta entonces, con un acento que desvane-ció acto continuo en mí la impresión de un compatriota. Mr. Guthrie iba a decir algo también, cuando llegamos al cementerio.

III

La triste ceremonia concluyó pronto, bajo la invencible distracción de un sol espléndido, que parecía chispear, trizando vidrio, en el reclamo de los gorriones. Despedímonos en la vereda, con la sobria cortesía que es de suponer; y como manifestara yo la intención de caminar un poco, aprovechando la agradable tem-perie, Mr. Guthrie me dijo: –No puedo acompañarlo. Debo regresar al hotel cuanto antes, para no perder el correo que parte hoy, precisamente, pues deseo comunicar sin dilación la infaus-ta nueva a la familia de mi amigo. Ruégole, tan sólo, que desista de su advertencia al juez, o en todo caso que no lo haga sin hablar antes conmigo. 3 Tuve que prometérselo, aunque con desgano, porque la impresión del primer momento continuaba viva en mí. Entonces el otro compañero de carruaje decidióse también a caminar, pre-guntándome si me incomodaba su compañía: Respondíle que no, aun cuando poco me agrada departir con desconocidos, y to-mamos calle abajo en silencio. Tres minutos después, una indiscreción del personaje confirmaba mi pesimismo en la materia. Suavizando aún más el extraño acento que lo caracterizaba, y empleando un cas-tellano singular, aunque sin tropiezos, creyóse autorizado para encarecerme: –No desoiga usted el pedido de Mr. Guthrie, que es muy razonable y caballeres-co. La voluntad del difunto... Aquella impertinencia me exasperó. Y más por contrariarlo que con intención de proceder así, repliqué: –Estoy, por el contrario, casi decidido a hacerlo. Es cuestión de conciencia. Mi interlocutor palideció, deteniéndose aterrado. –¡Señor!..., ¡por favor!... ¡Por vida suya, señor!.... –imploróme suplicante. Mas, entonces, súbitamente intrigado ante su actitud: –Pero usted –repuse–, ¿qué papel juega en este asunto? –¿Yo...? Yo soy egipcio como esa señora... Su compatriota. Ella no es culpable... Se lo juro... ¡No! –¿De modo que usted también la conoce íntimamente? Comprendió de golpe, a su vez, el mal camino que había tomado. Y recobrándose, dijo con gravedad: –Soy, señor, el tutor de esa mujer. Ésta es la verdad completa. Lo era, sin duda, a juzgar por su acento y su reacción. Mas, el enigma, lejos de aclararse, se complicaba. Con todo, era yo, a no dudarlo, el dueño de la situación, y decidí jugarla en un lance definitivo. –Su declaración –sentencié con aplomo–, lejos de tranquilizarme, aumenta mi perplejidad, si no mis sospechas. Hablaré con Mr. Guthrie, porque así se lo he prometido; pero mi resolución está tomada a menos que usted resuelva fran-queárseme sin doblez. Entendido, por lo demás, que nunca me haré cómplice de un delito. Palideció más aún, detúvose nuevamente, para convenir en voz baja: –Así sea. Nadie puede contrariar su destino. Tiene usted, en sus manos, sin sa-berlo, el de la más extraordinaria mujer, y ojalá no le sea fatal un día la revela-ción con que va a violentarlo. Pero no hay tiempo que perder. Venga usted conmi-go, señor, y conocerá por mi boca que nunca ha mentido, el secreto de Sha-it. –¿De Sha-it? –pregunté, ligeramente turbado por aquella solemnidad. –Sí, el secreto de Sha-it-Athor, la Señora de la Mirada.

IV

–Mansur bey...–había dicho, aclarando su nombre, hasta entonces confuso, mi singular confidente, mientras me hacía los honores de su sala oriental, nada opu-lenta sin embargo. Esto no impidió que yo resolviera observarlo todo con interés; pues lo distante del barrio, así como las palabras del personaje, indicáronme de sobra que me hallaba en la casa de aquella egipcia con quien él diera poco antes nombre y título tan extraños. –Deseo, antes que nada, enterar a usted de mi persona y situación –empezó diciendo. "Mi título de bey es puramente honorífico, pues me ocupo del comercio de di-amantes que, muy afectado por la guerra y por las exigencias de los lapidarios holandeses, no cuenta en la actualidad sino con media docena de plazas impor--tantes, casi todas americanas. "Sha-it, que es huérfana y viuda, vive conmigo desde varios años atrás, y he aquí por qué nos hallamos en Buenos Aires. "Mi modo de hablar el español, que advirtió usted enseguida, proviene de que lo aprendí entre los israelitas de El Cairo, donde hay muchos descendientes de los expulsos de España; aun cuando fue mi profesor Abraham Galante, nada menos, el ilustre hebraísta hispanófilo, a quien usted conocerá como autor. "Quiero recordarle, también, porque no es un secreto ya, que el movimiento gene-ral del Oriente en favor de la independencia, ha borrado casi del todo las ojerizas de raza y de religión, tan funestas para nosotros durante siglos; éxito que princi--palmente se debe a las fraternidades ocultas, unidas por un vínculo común, no ajeno tampoco al conocimiento de usted. Así desde los sikas hindúes hasta losdrusos del Líbano, y desde los shamanes siberianos hasta la nunca extinta ma-

-sonería de Menfis...”2–¿La Menfis faraónica? –pregunté con sorpresa. –Sí, señor. La Menfis de los faraones. Aquella hermandadha sobrevivido, como tantas otras cosas egipcias; y el vínculo que dije nosacerca, a despecho de la odiosidad, particularmente viva contra los judíos en el Oriente también. “Verdad es que tenemos, como lo verá usted, parentesco antiquísimo con aquella raza, aun cuando esto suele resultar más bien unmotivo de antipatía entre los pueblos; mas sólo quiero, por ahora, referirme a mis paisanos.” –Mr. Neale habíale dicho a usted, según lo leí en su narración, que los felahs, o campesinos de mi país, saben y callan muchas antiguas cosas. “Es de inferir que los descendientes de las clases elevadas, pues aún quedan familias cuya tradición remonta a los faraones, sepan algunas más importantes por cierto. “Sha-it pertenece a una de aquéllas, por abolengo dinástico; y cuando nació, sus padres, que profesando, en apariencia, el cristianismo jacobita3, seguían fieles a las antiguas costumbres, mandaron sacarle el horóscopo magistral. “Yo eché los cálculos, a la usanza de Tebas,y el cielo reveló un destino maravilloso. “Pues como Sha-it es de sangre real, debía compararse su horóscopo con el de las antiguas reinas, hasta Cleopatra, mediante el archivo astrológico que la logia menfita custodia hasta hoy en criptas inexpugnables. “Debía compararse, insisto, porque las almas de los muertos renacen con destino semejante o complementario al de su vida anterior, cuando han transcurrido de tres mil a tres mil quinientos años. “Esto lo saben también vuestros arqueólogos, por la lectura de los jeroglíficos; mas, como dicha escritura tiene cinco claves, y ellos no han descubierto sino dos, ignoran muchas cosas sobre el misterio de la muerte: entre otras, que el sexo no cambia mientras debe el alma renacer, y que cuanto más elevada fue su vida te-rrestre, más prolonga el plazo de su reencarnación."De aquí que el horóscopo de Sha-it concordara con el de la reina Hatshepsut, muerta hace alrededor de tres mil quinientos años..." Aquello era demasiado fuerte para no indignarme. –¡Bonita novela! –exclamé, riendo con airada malicia ante la enormidad. Pero la actitud del egipcio me contuvo. Apoyada su mejilla en la mano izquierda, sus ojos profundizaban con tal eviden-cia el misterio de las edades abolidas, su voz venía tan seguramente desde el fon-do de la eternidad, su aspecto habíase revestido de una autoridad tan serena, que toda sospecha desvanecíase al punto; y como una emanación vagamente vertigi-nosa, algo suyo, no sé qué, pero algo sensible, que ahora me asombra y que en-tonces me pareció natural, imponía a su narración una certidumbre contemporánea.

V

–Hatshepsut –continuó, sin hacer caso alguno de mi protesta–, Hatshepsut, cuyo nombre leen mal los arqueólogos, pues debe pronunciarse Hatsú, fue, como usted recordará, la terrible faraona de la reconquista. "La flor de oro y de hierro, de belleza y de gloria, en que triunfó hasta resplande-cer sobre los tiempos aquella décima octava dinastía, que libertó a Egipto del do-minio extranjero, prolongado tres centurias por los hicsos asiáticos. "Renacida en Sha-it, ésta es, pues, la esperanza de Egipto. Pero su destino como tal flota todavía en la sombra futura... "... Y el don de profecía –añadió como soñando– pertenece sólo a los maestros del tercer vértice, que no alcanzaré ya en mi actual existencia... "El horóscopo, que es también nominal, impuso a la recién nacida el nombre de Sha-it-Athor, realmente formidable, si se considera que está compuesto con el de la diosa del destino: Sha-it, y con el de la Afrodita egipcia Athor, deidad del agua, como la griega, y patrona de la belleza por los ojos: o como se dice en lengua ri-tual, Señora de la Mirada. "Pero aquí reclamo toda su atención, porque las cosas van a complicarse un poco. "Sha-it es nativa de Esné, donde había residido Mr. Neale, como empleado del ferrocarril de El Cairo a Asuán; y esta circunstancia fue la que los aproximó con simpatía, después de aquella conferencia sobre magia egipcia que dió el ingeniero en el hotel. "Esné era uno de los grandes centros mágicos del Egipto faraónico: una de las ciudades de Athor; y como eso provenía de la situación geográfica y magnética del punto, no de una fundación caprichosa, los griegos cambiaron el nombre de la ciudad por el de Latópolis, en la época de los Tolomeos, poniéndola así bajo la advocación de Latona, la madre de Apolo, una de las diosas de belleza, que al ser personificación de la noche (la noche es, naturalmente también, madre del sol) tenía estrellas por ojos: resultando, pues, una Señora de la Mirada. Nada había, entonces, de arbitrario en todo esto. "Latona fue todavía, según usted recordará, perseguida por la serpiente Pitón, a la cual mató Apolo con sus flechas. Y la diosa egipcia Sha-it hállase vinculada por su nombre con Shaí, la misteriosa serpiente barbada del Nilo, que según los fe-lahs vive aún en las aguas del río sagrado. "Perdóneme usted estos detalles cuya mención va poniéndolo, por lo demás, en contacto con el antiguo misterio. La serpiente del Génesis tenía ojos de diamante, y tentó a Eva para el primer amor; y uno de los cuatro ríos del Edén era el Nilo... "La fatalidad de la serpiente, o sea el poder de perdición por los ojos, debía pesar, pues, sobre Sha-it, y así es para su desgracia. "Casada muy joven, a los catorce años, como se estila en Oriente, uno después era viuda por suicidio de su esposo: tragedia que ella provocó sin saberlo, bajo la acción de la fatalidad, sólo porque a ruego de aquél, y cediendo al abandono del amor, había consentido mirarlo en el instante del beso supremo. "Nunca, por lo demás, lo ha sabido; ya que al producirse aquella desgracia, ini-ciadora de una serie fatal, la logia menfita, de acuerdo con sus padres, me en-cargó su custodia. "El segundo episodio tuvo peores consecuencias para ella, y hallóse íntimamente relacionado con el descubrimiento del hipogeo de Hatsú.

VI

"Cuando la visita que, según usted mismo ha relatado, hizo Mr. Neale a esa tum-ba, en compañía de su ayudante Mustafá, éste habíale dicho: '"Los antiguos pusieron espíritus materiales para guardar la entrada de las crip-tas. Son los vengadores siempre despiertos. Cada cual tiene su modo de ofender, pero todos matan. En poco más de un año que duró la excavación de este sepul-cro de la reina hubo dos suicidios entre los exploradores. "Esto es lo que voy a narrarle. "Fueron dos jóvenes ingleses que habían cortejado un poco a Sha- it, como todos los de la alta sociedad de El Cairo; pues aquélla, en sus dieciocho años entonces, alcanzaba una plenitud de belleza que era, sin exageración, el orgullo de la ciudad. "Contribuyó a aumentar esta fama un detalle que, al ser de motivo secreto como el destino de Sha-it, debía enconar después la calumnia de que fue víctima: "Nuestro ritual prohíbe el luto a las reinas; y mientras está el sol en el horizonte, no pueden ellas despojarse de las joyas sagradas que las defienden contra toda posesión; las ajorcas de tres metales, los brazaletes de cinco piedras preciosas, los siete collares y la diadema con el áspid avanzado para morder el corazón enemigo. "Ambos caballeros, como directores de la exploración, fueron los que, por codicia-da preferencia, abrieron la cámara fúnebre. "Ninguna excavación había sido tan costosa como la de ese hipogeo: más de un año para escombrar doscientos y tantos metros de galerías y de cámaras. "Estas últimas contenían, como es sabido, un tesoro inapreciable en estatuas, muebles, objetos de lujo; pero la mortuoria, según ocurre siempre, no encerraba sino el sarcófago: triple féretro de piedra en la cripta completamente dorada.

"Sin embargo, al lado mismo de la puerta que obstruía con ligero tropiezo, había un precioso taburete incrustado de marfil, sobre el cual –delicada y al mismo tiempo ingenua coquetería en frívola lucha con la eternidad– habían dejado un espejo. Probablemente el más íntimo del regio tocador, a juzgar por su elegancia sencillísima: un óvalo de plata pulida, montado en un mango de ébano que un loto de oro aseguraba, decorándolo a la vez. "Aquel objeto, sin más destino aparente que una ofrenda sentimental y baladí, era, no obstante, el vengador encargado de la ejecución misteriosa. "Mas ello requiere todavía algunas explicaciones previas. "Los antiguos atribuían a los objetos íntimos un alma elemental, o 'doble', que les trasmitía el contacto humano; y por esto daban nombres personales a sus basto-nes, joyas, pomos perfúmarios, espejos... "Pero estos últimos cobraban a ése, y a otros respectos, una importancia especial, por su vinculación con el don de la mirada. "Nadie ignora tampoco, pues todo esto es de arqueología clásica, la importancia de los ojos en la simbología egipcia. "Ojos de esmalte, dotados de sorprendente vida, y montados en placas de metal, representaban al sol el derecho y a la luna el izquierdo. Eran 'los ojos de Horo', el dios párvulo a quien Athor servía de arca o nave conducente, y que personificaba al sol de los muertos, 'el sol verde de la media noche'. Por lo cual llamábanle también Príncipe de la Esmeralda. Amuletos propicios o maléficos, de ahí provino la creencia en el mal de ojo. "Athor era también, en aquel caso, diosa de la muerte; y bajo el nombre de Nub, que es el mismo del oro, la guardiana de la momiabajo cuyos rasgos renacerá el difunto. Por esto se conservaba en una máscara de oro que coronaba la caja fúnebre, propiamente dicho, el rostro de los reyes muertos. Amor y muerte son, pues, las potenciasde Athor. "Los ojos de esas máscaras, como los de ciertas estatuas que los han conservado, son de una vida intensa hasta el miedo. Pues los antiguos lograron lo que no se ha conseguido después: fijar en los ojos artificiales el poder de la mirada. "Puedo decirle, todavía, que alcanzaban dicho efecto mediante cierta incidencia angular en la disposición del globo y de la cavidad orbitaria, cuyo secreto se ha perdido. "De aquí que hasta con las pupilas vaciadas y el rostro casi destruido, como la Grande Esfinge, las estatuas miren aún cual si fuesen verdaderas personas. "Recuerde usted los ojos del escriba acuclillado del Louvre[4], que insisten hasta hacer daño. Y, sin embargo, no son más que dos trozos de cuarzo blanco que en-garzan dos pupilas de cristal de roca, en cuyo centro brilla un clavito de bronce. "Los más 'vivos' de aquellos ojos eran de plata, y simbolizaban a la luna o las es-trellas, astros del amor fatal."

VII

—El espejo, puesto de faz sobre el taburete de la entrada, conservaba, gracias a esa disposición, el pulimento de su luna. "Y como en todos los casos, habíase contado para la ejecución del castigo, con el movimiento natural, que tratándose de un espejo conduce a mirarse en él.

"Pero, con indescriptible asombro de los exploradores, no fueron sus rostros los que aparecieron en el pulido metal. "No sus rostros, por ventura, sino el de una maravillosa mujer, cuya mirada, viva hasta el deslumbramiento, entró en sus almas, quitándoles toda potestad de pa-labra y de reflexión, hasta poseerlas en un vértigo que inspiraba la delicia insa-ciable, y con ello necesariamente mortal. "La reina había eternizado para el castigo su propia mirada fatal —la mirada de belleza y de muerte—. Y a la luz de las linternas exploradoras, que reforzaba con un reflejo casi solar el intenso dorado de la cámara fúnebre, su rostro vivía con la vida del 'doble' o alma rudimentaria del espejo despierto al contacto humano. Viv-ía como sonreído y flotante en una atracción abismal, próximo y remoto, a la vez, dentro del óvalo encantado, infundiendo ese desfallecimiento del corazón que no es sino la aceptación irrevocable del destino, ante el verdadero amor o la hermo-sura suprema." Y la impresión fue tan intensa que ambos se volvieron instintivamente a mirar. Nada... Nadie... —¡Una mirada de tres mil años! —dudé yo en voz alta. —¿Por qué no? —repuso el egipcio con sencillez—. ¿No duran lo mismo en las criptas perfumes, huellas en el polvo, flores delicadas, que el mero contacto del aire desvanece? ¿No perpetúa el escultor algo tan fugaz como la sonrisa en el mármol o en el bronce?...

"Así los poseía, pues, aquella mirada. "Hora o minuto, el tiempo no contaba ya. Pero, de pronto, una angustia los so-brecogió: el rostro, que no retrato, empezaba levemente a borrarse. Mejor dicho, se alejaba, sin dejar de imponerles, profundo hasta la desesperación, el prodigio de sus ojos. "El espejo se dormía. "Se dormía, es la palabra justa; porque si los objetos magnetizados pueden con-servar su latencia indefinidamente, con tal que se les asegure un reposo perfecto –y así hay cadáveres que se mantienen intactos durante siglos–, la tibieza simpática de la mano provoca en ellos, como el agua hirviendo en las plantas se-cas, un despertamiento fugaz. "Arrancándose al hechizo, ambos tuvieron la misma idea: conservar fotográfica-mente lo que pudieran obtener al sol. Mas, por rápidos que anduvieran, la ima-gen estaba ya asaz borrosa cuando alcanzaron la superficie del desierto. Con to-do, el sol africano, así como la pericia y las buenas máquinas debieron ayudarlos bien; porque dos días después, al practicarse la indagación judicial del misterioso doble suicidio que consternó a la ciudad, hallóse en la cartera de cada uno la se-mivelada pero perceptible prueba fotográfica del retrato de Sha-it." –¡De Sha-it! –exclamé yo–. ¿Entonces?... –Así era, en efecto: Hatsú renacida en Sha-it. "Lo que esta última debió padecer con la investigación y las sospechas imposibles de conjurar fue terrible. Durante algunas semanas llegué a temer que enloquecie-ra. Ella, como todos al fin, creíase perseguida por asechanzas infames que habría provocado la envidia de su belleza."

VIII

—El espejo vino a mi poder entonces, costándome un dineral; pero nada quedaba ya en él, bajo el recobrado brillo de la plata. Habíase dormido para siempre. "Lo verá usted, pues lo he conservado. "¡Ébano, plata y oro! Si los dos pobres suicidas hubieran entendido algo de ma-gia, no los tocarían jamás. Pues la combinación de materiales apropiados, al ser esencial para los talismanes, revela también su objeto. "Mas los antiguos sabían que quien viola una tumba puesta bajo ciertos signos es porque ignora los secretos. "Así, hallábase también a la vista, en el mango, el nombre del espejo fatal: triple jeroglífico, que para vuestros arqueólogos significaría puramente abb-or-za; el dormido, lo cual era ya inquietante; pero que, leído con una clave superior, indi-caría algo cuya importancia deducirá usted por el valor individual de cada signo: el antebrazo, símbolo de la fuerza ejecutiva; el ojo palpebrado, símbolo del ensue-ño; y el cuerpo fecundo de la mujer, o sea su tronco y senos. "Pero volvamos a la desgracia de Sha-it, complicada en el proceso y víctima de la calumnia que desde entonces la persigue. "La infeliz, absuelta en suma como era de esperarse, ausentóse conmigo, para no volver jamás. Tal es, al menos, su intención. Y cuando al cabo de los veinte años transcurridos, empezaba a olvidar la horrible pesadilla, a renacer para el amor que reclaman su hermosura y su juventud, ya ve usted, señor... ¡Apiádese de ella!..." Un vago sollozo le cortó la palabra. Y como yo, turbado, no respondiera, creyó deber insistir para convencerme: —Tales ojos, señor, son una fatalidad de raza. Son los ojos idumeos que atrajeron sobre Cleopatra el amor y la desventura. "Por eso el parecido singular entre los retratos de aquélla y de la reina Hatsú, respectivamente conservados en los templos del Denderah y de Dair el-Bahari. ¡A mil quinientos años de distancia entre una y otra! "Cleopatra fue hija de una princesa idumea. Hatsú, nieta de una concubina de la misma nación que su abuelo, el faraón Amenotis I, había tomado, para robuste-cer la reciente insegura alianza con aquel país, pequeño, pero indispensable al paso de las grandes expediciones contra el Asia. "Observe usted en la reproducción de aquellas imágenes la nariz fina y ligeramen-te arqueada, los largos ojos, la esbeltez felina con que dotó a ciertas razas asiáti-cas la diosa Sejetʒ, su creadora. Por ella somos parientes con los hebreos. Era la diosa leona, terrible también por los ojos, y patrona de la elegancia corporal. "Y para acabar de convencerlo sobre la realidad de ese hechizo cuya nativa pose-sión excluye toda responsabilidad en las desgracias que ocasiona, quiero revelarle la existencia actual de una rama judía, procedente de la antigua Idumea, cuyas mujeres conservan el don fatal en sus ojos negros o azules, y a la cual caracteriza públicamente la peculiaridad de que, en cualquier idioma, pronuncia así la le-tra..." Pero la puerta del salón abrióse con brusquedad en ese instante, y una mujer arrebatada por la aflicción o por el miedo, apareció, estrujando un papel, entre un cascabeleo de brazaletes. Sólo acerté a enderezarme, deslumbrado por aquella aparición. Hallábame ante Sha-it, la Señora de la Mirada

IX

Cuanto pude imaginarme, palideció ante la realidad.No sé qué era más subyugador, si la hermosura o la rareza de su tipo. Tenía realmente ante mí una egipcia faraónica. Y su presencia bastaba, al punto, para imponer, con una evidencia de esplendor, el dominio de la reina. Esbelta hasta la vibración, como esos juncos que aun bajo la más perfecta calma están cimbrando con una especie de interna música, su delgadez aérea, exa-gerándose en finura ascendente, a la manera de una larga flor, perfilaba apenas, en la gracia del andar, la angosta evasión del flanco felino. Para acentuar la impresión, su levísima túnica verdemar, sin ninguna transpa-rencia, no obstante, revelaba su cuerpo como en una difusión de agua intranqui-la. En la iluminación, que puedo más bien decir relámpago de la entrada, sus altas chinelas de oro habían relumbrado como cabezas de serpiente en un erizamiento de lentejuelas. Ricas pulseras de colores sobrecargaban con suntuosa pesadez sus brazos de ámbar; pero sus dedos fuselados, que se angustiaban sobre el afligente papel, ostentaban de único adorno la alheña que por mitad los teñía. Palpitaban en su garganta, con centelleo multicolor, los siete collares; y sobre su frente, erguíase como en el aire, al estar retenido por invisible diadema, el áspid de esmalte verde cuyos ojillos eran dos chispas de diamante. Oyóse, al parar de golpe ante nosotros, el choque como marcial de las ajorcas; y un perfume dulcísimo, de suavidad excesiva hasta el desmayo, "aquel perfume" otra vez, abismó la sala. Pero, nada menos que ese atavío, anómalo en un día de luto –a no ser por la obligación ritual–, nada menos, digo, requería la prodigiosa mujer. Su tez, casi cobriza, parecía iluminarse con dorada suavidad, en una morena transparencia de dátil. Sus cabellos, tenebrosos hasta lo siniestro, agobiaban la frente, echando sobre los párpados la sombra arrogante y torva a la vez de un casco guerrero. El áspid verde, que salía casi del entrecejo, animábase con el sombrío vigor de aquella mata, como en sutil delirio de ponzoña y de aroma. Leve temblor exaltaba en él la vida de la intensa cabellera. Comprendíase que, a título de insuperable lujo, cualquier adorno habría resultado en ella insignifican-te; y que por esto su dueña escondía hasta la diadema ritual, preservándole en tal forma la integridad de su negro esplendor. Y contrastando, en el fino cobre del rostro, con aquella melena de ardiente lobre-guez, que devoraba las finas cejas nerviosas, sus ojos azules, hondísimos, inmen-sos, que un poeta árabe habría cantado, al morir por ellos de amor, "implacables como el destino y largos como el tormento", dilataban, con la pureza inconquista-ble de la luz, la antigua serenidad del mar violeta. Pureza y serenidad, he ahí su expresión divina. Aunque seguramente habían llo-rado, su rayo celeste conservaba una limpidez de estrella. La fatalidad del amor, lejos de turbarlos, comunicábales la ingenuidad atónita de una perpetua adolescencia. La altivez del dominio absoluto caía de ellos como un lejano favor. Iluminados por una vida excelsa, que ya era divinidad, superiores al bien y al mal en la perfección de la belleza, lo que más atraía, sin embargo, en ellos, dimanaba de su potestad indudable sobre la muerte. ¿Por qué digo indudable?... Yo mismo no acertaría a explicarlo. Pero trátase de una impresión más segura que el raciocinio. Así, en algunos casos, ciertas presencias invisibles, pero evidentes.

Contenida ante el forastero, la Señora de la Mirada, para aplicarle su justísima advocación, había recobrado una imperiosa serenidad. Noté entonces el delicado perfil de halcón ligeramente huraño, la boca soberbia y carnal que se entreabría sobre los dientes luminosos; y este detalle, al fin huma-no del todo, que solamente podía advertírsele de costado: las pestañas de largura infantil, cargadas de tristeza, como si estuviesen goteando profundas lágrimas. Pero, en ese instante, Mansur bey rompió el encanto, alargándome el papel con inquietud. Era la citación del Juzgado para declarar sobre el suicidio.

X

Bastóle, sin embargo, la expresión de mis ojos, y, dirigiéndose a ella en inglés, por lealtad y por cortesía díjole con tranquilas palabras que interpretaron exactamen-te mi pensamiento: –Nada temas. Este caballero nos ayudará, proporcionándonos un abogado ami-go. Parece que no te corresponde ninguna responsabilidad en esa desgracia. Me incliné asintiendo, y Sha-it agradeció con triste sonrisa. Entonces, al mirar de nuevo sus ojos, advertí que tenía el poder de apagarlos co-mo las serpientes. Después, a unas breves palabras en árabe que su tutor le dirigió, fue a sentarse en un diván con abandono resignado. Cualquiera imagina mi curiosidad, las preguntas que palpitaban en mis labios. El egipcio, que penetraba una vez más mi pensamiento, adelantóse a contestar-las, volviendo a emplear nuestro idioma, mientras me advertía: –No se inquiete usted por ella, pues no comprende el español. Y luego: –Tampoco arriesgue conjeturas. No se halla usted inscripto en su destino. El otro lo estaba, y la fatalidad empezó a gravitar sobre él desde su visita al sepulcro de la reina. "Asimismo, es vano su temor del perfume. “Cuando la antigua soberana trasplantó a su jardín los sicomoros de incienso que le trajeron del País de las Aromas, reabrióse para Egipto la era de los perfumes sagrados. “Las antiguas macetas existen aún, excavadas en la roca viva, entre los escom-bros de Dair el-Baharí. Pues todo esto es, adviértoselo una vez más, rigurosamen-te histórico. “Tomando aquel incienso como base, la perfumería real fabricó seis esencias de las siete que constituyeron los óleos rituales para el sacrificio de los dioses y para el supremo bien de los vivos Y de los muertos. Por eso todos se parecen. “Los arqueólogos sólo conocen el nombre de uno: el Hakamú, o ‘perfume de acla-mación’, como se lo llamaba por su propiedad de arrancar aplausos, tal como provoca la risa el gas hilarante o protóxido de ázoe de vuestros químicos. “Ése fue el perfume real de las ceremonias.

“Habrá usted hallado algo de eso en sus estudios sobre la antigua ‘Orden de los Asesinos’6,que, perdonando mi abuso en gracia de mi buena intención debería usted abandonar en el punto adonde ha llegado. “Pero, volviendo a los perfumes, la reina antigua fue la inventora del séptimo, el más parecido al de la muerte por su intensidad y penetración: ‘Atórat el--Yamal’, el aroma de belleza, conforme está descrito en los jeroglíficos que Augusto Mariet-te 7descifró: ‘”Su Majestad en persona fabricó de su propia mano una esencia aromática para todos sus miembros. Entonces exhaló el perfume del rocío divino, su piel brilló como el oro y su rostro resplandeció como las estrellas en la gran sala de las fies-tas. La egipcia se estremeció como si entendiera. El sol meridiano entró en ese momento por la ventana exterior, iluminándola con su pincelada oblicua. Y, fuera sugestión del arcaico texto, o ilusoria impresión del rayo solar, bajo la túnica súbitamente transparentada, su cuerpo resplandeció como el oro.

XI

Ahora, cuando falta, quizá, lo más importante, advierto mi ligereza en haber pro-metido bajo palabra de honor que no diría una palabra más sobre el secreto de Sha-it. No creo mucho en las consecuencias de una indiscreción, y hasta es probable que la única víctima haya sido mi credulidad; pero el temor de cometer una mala ac-ción me contiene. Añadiré, únicamente, que soy propietario del espejo, valiosa reliquia en verdad, y no hay para qué decir que continúa siempre "dormido". Con todo, mirándolo bajo cierta incidencia, paréceme que al cabo de dos o tres minutos pasa por el metal una especie de mirada que produce cierto mareo. Y como no sé lo que es, si es algo, en suma, ni me agrada la inquietud, ni profeso la arqueología, he resuelto donarlo mañana mismo al Museo Etnográfico de la Facultad de Letras, donde podrá verlo el curioso lector.

www.ingramcontent.com/pod-product-compliance
Ingram Content Group UK Ltd.
Pitfield, Milton Keynes, MK11 3LW, UK
UKHW021939190726
13853UKWH00004B/1538

9 786589 575030